逆襲的詞人

白白老師……著

前言　生活化的文學

一般人總覺得文學離自己好遠好遠，認為文學像是一個遙不可及的象牙塔。其實，平常我們隨口哼的歌詞就是最平易近人的文學。

當代華人音樂圈很多受歡迎的歌手都會自己創作歌詞，比方說周杰倫、毛不易，他們寫的歌曲讓普羅大眾皆能琅琅上口。

還記得你說家是唯一的城堡　隨著稻香河流繼續奔跑
微微笑　小時候的夢我知道
不要哭讓螢火蟲帶著你逃跑　鄉間的歌謠永遠的依靠
回家吧　回到最初的美好

——周杰倫作詞〈稻香〉

一杯敬朝陽　一杯敬月光
喚醒我的嚮往　溫柔了寒窗
於是可以不回頭地逆風飛翔
不怕心頭有雨　眼底有霜

——毛不易作詞〈消愁〉

看到這些歌詞，你是不是忍不住跟著一起哼呢？動人的歌詞往往能夠引起聽者的共鳴，也讓人聯想到歌曲的旋律。

「回家吧，回到最初的美好」一句話就勾起眾多在外地打拚的人們想家的情緒，「可以不回頭地逆風飛翔」鼓舞了我們要勇敢；還有很多歌詞是意在言外的，不需要刻意的解讀，靜靜地欣賞都很美。

中國古代文學中的「詞」，和現代的流行歌詞很像，都是用來搭配音樂演唱，差別在於古代的詞一定是先有音樂格律，就是我們常說的「詞牌」，文人依據這個詞牌的音樂填詞，很像現在說唱節目的「flow」。

寫詞不是一件簡單的事情，要配合音樂節拍填入文字，若是旋律輕揚的音，填上唸起來很重的文字會很突兀。所以詞的格律非常嚴謹，對於字數、押韻、平仄（讀音的聲調）都有一定要求。

當代人寫詞是為了讓歌手上台表演，在古代唱歌的人又是誰呢？你能想像歐陽脩、蘇軾這些文人寫完歌詞後自己唱出來的窘樣嗎？在宋代，歌唱的場合主要在青樓妓院、瓦舍勾欄、歌舞聚會上，唱歌的多為歌聲悠揚的專業歌妓，這些歌妓多數只提供專業表演，在音樂、文學上的造詣也十分精深。

「詞」既然是在娛樂場所演唱，為了達到吸引市井小民的效果，歌唱內容不免以纏綿悱惻的愛情為主題，而情歌往往最能夠牽動心弦。何況，誰想在青樓這樣的歡樂場裡聽到鼓吹夢想的勵志歌曲呢？當然是要點播一首不敗情歌呀！

因為書寫內容、表現場域的不同，「詞」和「詩」除了音樂性，還有一個很大的差異：詞可以跳脫儒家的政教倫理框架，描寫內心幽微、深情的惆悵和情懷。在詩的世界中，文人往往必須呈現儒者民胞物與、愛國愛民的抱負；在詞的世界中，則可以書寫較個人的情懷。也就是說，詩是文人的公領域，格局比較開闊大器；詞是文人的私領域，呈現的內涵偏向嫵媚深情。每個人都有屬於自己的公領域和私領域，一般上班族會在工作時間展現積極高昂的鬥志，下班後只想追劇當沙發馬鈴薯；同樣的道理，古代文人也是凡人，下班後難免會想要寫寫歌、泡泡青樓，放鬆一下。

關於詞的小歷史

文人寫詞的風潮是從唐代中期開始發展，一直到唐末漸漸成熟。唐代末年至五代十國的政局十分混亂，當時的文人十分厭世，漸漸地把對社會的關注轉向自身的情感，在經濟發展較為繁榮發達的西蜀、南唐，便是當時寫詞較為興盛的地方。

唐末第一個大量寫詞的文人是溫庭筠，他是善於描寫正妹的高手，筆下的女子個個美豔動人，算是當時的網美行銷高手，此外他也奠定了詞為華豔風格的基礎。至於西蜀的韋莊，也很會寫女子的容顏和情感，但他描繪的女性較為清新秀氣，屬於深情款款的鄰家大姐姐類型。

五代十國時，在詞的藝術性可以和西蜀分庭抗禮是在南唐，南唐二主李璟、李煜和馮延巳的文學素養都很高，雖然以書寫男女愛情為主，但個人抒情意味更濃厚、更深情。其中又以李煜為代表，李煜是南唐的亡國之君，經歷過國破家亡的悲痛，情感上沉鬱悲傷、文字樸實自然。在李煜筆下，詞的題材、意境都更加開闊了，不再只是發在宴會上、朋友圈的社交歌詞，而是用來抒發個人厭世的悲傷情懷。

到了宋代是詞最興盛的時期，北宋社會安定繁榮，人們一有錢就想四處玩樂，因此娛樂場所非常興盛。宋朝真的有太多好玩的東西，還有夜市跟各種美食，如果可以穿越古代的話，我個人最想去北宋呢！

北宋有非常多寫詞高手，例如晏殊、歐陽脩、柳永、蘇軾、周邦彥等人。晏殊、歐陽脩寫的詞大體上承襲唐末的抒情委婉，是比較短篇的小令；到了柳永詞則有較大的轉變：首先，柳永把詞的字數變多、變長了，就是我們講的長調、慢詞，而詞變長了就有更大的發揮空間。另外，柳永一輩子都是個不得意的憤青，平常大多在妓院裡泡妞寫詞，或是到處漂泊、一個人無依無靠的，因此不論繁華都市的花街柳巷或是流浪途中的山光水色，他都能以景入詞，使情景交融。此外，柳永的一大強項是文字淺白，使他的歌得以在庶民口中散播，傳遍了大街小巷。

柳永以後，北宋另一個填詞大咖蘇軾再度創下詞的變革。蘇軾是詞史的關鍵人物，在他以前的詞人，以婉約愛情為主要風格，作品格局多局限在亭台樓閣、青樓舞榭，但是蘇軾憑藉著他的才華和格局，既能創作溫柔的情歌，又寫下許多傳達曠達瀟灑的人生觀的歌曲。他的詞不一定合乎格律，但每一首都展現了一種高曠的生命態度。

蘇軾是隨意不拘的天才，不太在意格律；北宋另一位詞壇大將則是絕對音感，寫的詞字字精準、聲聲曼妙，這人是周邦彥。蘇軾和周邦彥雖然創作理念不同，但都在音樂圈占據一席之地，替北宋文壇開創了更多元繽紛的詞風路線。

北宋末年發生「靖康之難」，文人們經歷了國破家亡的痛。進入南宋以後，許多詞人的創作內容轉向家國興衰之感，例如辛棄疾、陸游、李清照等人。他們的詞風都帶有化不開的哀愁和苦痛，將自己對於國家、對於社會、對於個人的情感注入詞中，令讀者讀之傷感、心生悲憫。

詞雖然是宋代的代表文學，但不代表元明清以後就沒有人書寫。明末到清代是詞的復興時期，除了清代的偉大詞人納蘭性德外，清代還有眾多詞風流派，陽羨派以陳維崧為主，風格豪邁沉鬱；而浙西派朱彝尊詞風清空深情，他們的風格不同，都是清詞中興的大咖成員。

綜觀詞的歷史發展，從唐末到清代，經過了很長一段時間，終於在眾人的共同努力之後，譜出最美妙的音樂史。

從唐末到清代，在本書中，我們讀到了許多膾炙人口的詞，也走進詞人的故事裡。

這十位詞人，他們的生活中有很多八卦和粉紅泡泡，也充滿了厭世情結。這些詞人或許活得荒唐，或許沉浸在溫柔的花街柳巷中，或者受困於個人的灰暗仕途和家國的巨變，但他們試圖用一首首創作，來反抗現實的不可逆。

生命本就有許多無常，我們常常受困其中，苦痛往往才是真實人生。但一般所認知的「逆襲」、「成功」、「勵志」故事，局限於小人物大翻身，最終實現了平生所願。這些成功人士的事蹟，卻讓人覺得遙不可及。

書中十位詞人的生平其實更貼近凡人的生活，也更符合現實。倘若活著只為了功名榮耀、扶搖直上，這些詞人絕對談不上是所謂的「成功」，但他們在困頓中依舊勇敢、堅持自我，因此能活出獨特的生命樣態，在千百年後成功「逆襲」為偉大的文學家。

他們既平凡，但又不平凡，就如同你我，都有機會在艱難的生命裡，完成自己獨一無二的逆襲故事。

註：本書的文人八卦除了正史以外，也參雜野史、筆記的趣事，例如溫庭筠和魚玄機的戀情，周邦彥和李師師、皇帝的三角戀，陳維崧寫百首梅詩等。以多元的取材補充文人的趣事，讓故事中的文人形象更飽滿生動。

第1章

沒顏值、沒事業，但很會描寫正妹的廢柴文人——溫庭筠

魚玄機
溫庭筠

在我的身旁有不少男性都喜歡追蹤正妹的臉書或ＩＧ、抖音，也會轉發正妹的動態跟大家分享。喜歡美好的人事物是人之常情，而說到古代詞人中喜歡關注正妹的一舉一動，還很會描寫她們的容顏和舉動的，非晚唐溫庭筠莫屬。

花名在外的醜男

溫庭筠，字飛卿。他非常善於以詞來描繪妹子的容顏與動作，在他筆下的女子個個顏值高、姿態優雅，在閨房中梳妝打扮時的動作都很嫵媚撩人。這是因為他很喜歡和酒樓的歌妓在一起吟詩作曲，再加上後來官場不得志，所以晚年時把更多時間都泡在青樓酒館裡，寫下了許多關於女性的詞作。

但溫庭筠一輩子都是個廢柴，在正史中的記錄很少，因此這章我們主要聊聊他的八卦跟詞風。談起溫庭筠的故事，就從他那不太優的外在條件和浪漫的性格說起吧！溫庭筠筆下的女性個個都很正，而且庭筠這名字富有詩意，你可能會想像他應該是個有著白皙的皮膚、高挺的鼻子、濃眉大眼的翩翩美男子。可惜的是他的名字和外表很不搭，外貌不帥就算了，還長得一點都不普通，歪嘴大鼻，其醜無比，就像鍾馗那樣令人駭目，所以人們又稱他為「溫鍾馗」。不過他相貌醜歸醜，卻非常有才華，唐代科舉要考律賦，每八韻一篇，溫庭筠只要隨便叉手一韻就完成，所以叉八次就完成一篇律賦，因此人們也叫他「溫八叉」。

溫庭筠雖然有才華，但是和絕大多數國文課本裡的古文作家一樣，科舉怎麼考都考不上，有很大原因是他的個性過度隨意又浪漫。

舉個《玉泉子》中的故事來談談他的風流隨興吧！姚勖是溫庭筠的親戚，長期贊助溫庭筠讀書。姚勖見到溫庭筠再這樣放縱下去實在沒有未來，於是好心資助了他一大筆錢，勸他安分守己地好好讀書。

「老弟啊！你就認真讀書吧！哥給你這筆錢，你好好去考試吧。」

按照灑狗血劇的情節，溫庭筠從此感受到人情的溫暖，發憤向上，金榜題名，人生峰迴路轉，有了 Happy 大 ending！不過溫庭筠最奇葩的是即使曙光降臨，他也可以無視於眼前的光明，繼續一個人躲在黑暗的角落裡。

姚勖提供的這筆錢很快又被他拿去青樓給花完了，只能說牛牽到北京還是牛，溫庭筠走到哪裡就是愛泡妓院。

「廢柴！好心給你一筆錢讀書，你居然通通花在女人和酒上！」

「為什麼不好好讀書，哥說的話你有在聽嗎？你沒在聽呀！」

溫庭筠的行為真的讓人火冒三丈，後來姚勖還揪人海 K 他一頓。

溫庭筠的姐姐認為姚勖造成了弟弟的陰影，以致於他長期考不上科舉。事隔多年後，姚勖剛好到溫姐姐的夫家作客，溫姐姐還不忘上前撒潑討公道，狠狠地臭罵姚勖。

然而，姚勖禁不起這對姐弟的折騰，沒多久竟然就活活氣死了……

這件八卦或許不完全是真的，不過溫庭筠花名在外，在當時卻是眾所皆知的。

眼白很白的才子

溫庭筠一邊縱情聲色，卻又假裝對榜單毫不在意。他既沒有顏值，又沒有事業，在他厭世的生活中，總在期盼和失望中輪迴。這樣的男人，可能沒有女人會主動看上他，所以他沒事就去喝喝花酒，在青樓得到安慰。

除了愛去青樓，溫庭筠還有一個特點，他的眼白特別白，從很多事蹟上也顯現出他這個人挺白目的。

他的性格放蕩不羈、恃才傲物，所以得罪了不少權貴，而且明明也沒當什麼大官，卻連當朝宰相都能得罪。溫庭筠和當朝宰相令狐綯的兒子令狐滈原本是好友，有錢公子哥的消遣就是沒事泡泡妓院，所以溫庭筠和令狐滈有志一同，沒事就上青樓。雖然不是王公大臣，他仍然時常出入丞相府。

據《北夢瑣言》記載，宰相令狐綯見溫庭筠有才，也還算重視他。但是溫庭筠這個人就是白目，有次令狐綯想討宣宗皇帝歡心，知道宣宗喜歡唱〈菩薩蠻〉，自己又不太會寫，所以找來溫庭筠幫忙，這對溫庭筠來說是輕而易舉的事情，當場便寫了幾首交差。我們便來看一首他所寫的〈菩薩蠻〉代表作：

小山重疊金明滅，鬢雲欲度香腮雪。懶起畫蛾眉，弄妝梳洗遲。
照花前後鏡，花面交相映。新帖繡羅襦，雙雙金鷓鴣。

——〈菩薩蠻〉

這闋詞描繪女子的妝容還有梳妝的動作，「懶起畫蛾眉，弄妝梳洗遲。」描寫女子懶洋洋地梳妝，女為悅己者容，但是詞中的女主人翁對於妝容打扮沒太大的興致，暗示她的愛人不在身邊，即使打扮也沒人欣賞。她又對著鏡子梳妝，更是寂寞無人問。最悲慘的是最後的鏡頭竟然聚焦在雙雙金鷓鴣，更襯托出女子孤身一人的淒涼。這首詞作不論是女子的打扮、閨房環境、動作神態都描寫得相當精細。

溫庭筠的〈菩薩蠻〉果然寫得很好，令狐綯交代他千萬別透露詞作是代筆。但溫庭筠可能是無法忍受丞相把自己的作品據為己有，所以逢人就講，四處宣揚，搞得人盡皆知，這當然讓令狐綯心生不滿。

得罪丞相還不只有這件事，有一次，令狐綯向溫庭筠請教典故出處，一般人如果遇到長官或是長輩詢問事情，就算心想「這什麼愚蠢的問題」，也不會表現出來，畢竟不得罪長官，才能討口飯吃。不過溫庭筠絕非普通人，他是眼睛很白的才子。溫庭筠倒抽一口氣，用一副非常驕傲的嘴臉，鄙視地回應令狐綯：「這典故出自《莊子》啊，《莊子》這麼常見的書，你怎麼沒讀過？相國你除了治國之外，有空也該多讀點書呀！」可想而知，令狐綯被這番話羞辱以後，往後連正眼都不想再看到他。

得罪了當朝丞相，溫庭筠從此無法在科舉考試制度中有所發揮。後來他離開丞相府，發憤圖強，努力準備考試，仍然屢試不第。

考場第一槍手

在考試中次次落榜、屢戰屢敗，溫庭筠的頭上又多長了幾根白髮，中年的他依舊一無所成，他對科舉考試有著滿滿的怨念，打算靠著幫人作弊出一口惡氣，還能順便賺點外快，於是他下定決心轉換跑道，成為「考場第一槍手」。他助人作弊的功力接近神乎其技，令人嘆為觀止。

有一部泰國電影《模犯生》，影片裡的男女主角都是學霸，他們聯手在國際升學考試中幫助其他考生作弊以收取高額金錢。影片裡的男女主角展現了過人的智商，運用時差、科技各種方式來助人作弊，如果你看過這部影片應該會覺得過於誇張，實際上溫庭筠也是這麼厲害的槍手！

有一次，考官知道溫庭筠常常幫助考生作弊，所以故意把他的座位安排在最前面好監視，考官心裡暗自得意，這回溫庭筠不可能再發揮槍手的功能了吧！後來溫庭筠在那場考試中速速交卷，還在考卷上洋洋灑灑地寫下眾多字數，考官又想：「這次你肯定幫不了任何人。」沒想到過幾天有人問起溫庭筠：「這次有沒有順利幫人作弊呀？」溫庭筠長嘆一聲：「唉！太可惜了！這次考官緊盯著我，我居然只幫了八個人呀！」

在如此嚴密監視的考場中，溫庭筠依舊幫助了八名考生作弊。別以為這只是件軼事，此事明確記錄於《新唐書》中，「第一槍手」的作弊功夫絕非常人可以揣測。

溫庭筠年年參加科考，賭氣幫助許多人作弊，但是自己卻還是考不上科舉。除了繼續流連青樓之外，生活中似乎看不到任何希望，幸好，此時終於稍微出現了一道希望的曙光……

正義大使的悲哀

唐懿宗時，有人推薦溫庭筠負責科舉考試。於是皇帝封溫庭筠為國子監助教，從六品官員，專門負責科舉事務。這工作真的太適合溫庭筠了！畢竟他有著很特殊的考場經驗，不但考試經驗豐富，還很會鑽考場漏洞。

眼看溫庭筠就要時來運轉了，沒想到這卻是他的仕途最高峰。

溫庭筠在考場上不得意，有部分原因是他得罪了權臣丞相，所以他一心想要改革科舉考試制度，讓它變得公平。咦？溫庭筠自己不是最喜歡幫助別人作弊嗎？沒想到升官後搖身一變，成為維護公平正義的大使。

溫庭筠的改革引來了朝廷官員反對，原因很簡單，官員們也要照顧自家的孩子金榜題名啊，當然希望背後有實行黑箱作業的空間。溫庭筠一生幫助過許多考生作弊，他應該知道作弊有極大的市場，卻還是知其不可而為之。再來，他雖然官位變高了，眼白還是很白，想要端正科舉風氣，卻忽略了人性有自私陰暗的一面。後來，他的改革受到極大的反彈，官員們紛紛上書參溫庭筠一筆，很快地，他就被趕下台了。

溫庭筠雖然很廢，也很風流，但對於該堅持的事仍然依循正道，從他大刀闊斧地想改革弊端，就知道他沒有忘記內心的一把尺。

溫庭筠人生最風光的就是當國子監助教的短短幾年，當他六十多歲的時候，已經是個白髮蒼蒼的老頭模樣。這時候的他一邊嘆著氣，一邊想起過往風花雪月、年少輕狂的歲月，而那醉人的溫柔鄉正是他人生不得意時唯一的寄託。

最終，他被貶去當地方縣尉，在赴官顛簸的路上，他緩緩閉上了眼，嚥下最後一口氣。

傳說中的真情

鬱鬱而終的溫庭筠人生大半輩子都過得不甚如意，不過他曾有過一段動人的情誼，這段軼事沒有記錄在正史中，但這畢竟是才子佳人的浪漫故事，值得一提。

故事的女主角魚玄機，原名叫魚幼薇，出生在落拓的士人之家。她自幼聰慧伶俐，詩名在十一、二歲便已傳遍了長安城。溫庭筠認識她的時候，魚玄機才十多歲，他知道魚玄機小有才氣，請魚玄機當場寫詩，想要試探一下她的才情，結果魚玄機的名聲可不是吹噓出來的，立刻就寫了一首極佳的詩作。

後來溫庭筠就經常和魚玄機來往，兩人的關係像是師生一樣，度過了一段相互切磋詩文的時光。溫庭筠離開長安以後，魚玄機還曾寫過不少詩贈給溫庭筠，像是其中一首〈冬夜寄溫飛卿〉：

苦思搜詩燈下吟，不眠長夜怕寒衾；滿庭木葉愁風起，透幌紗窗惜月沈。
疏散未閒終遂願，盛衰空見本來心；幽棲莫定梧桐處，暮雀啾啾空繞林。

詩中提到做為鳳凰也好，是鳥雀也好，都找不到棲宿之處，說明自己沒有歸宿，身世飄零孤寂。這首詩幾乎可以說是魚玄機的寫照，不管是富麗堂皇還是窮苦貧寒的日子，都沒有讓她獲得心靈上的依託，她的內心依舊孤獨寂寞。她敞開心房向溫庭筠訴苦，亦可見二人交情並非一般。再看另一首〈寄飛卿〉：

珍簟涼風著，瑤琴寄恨生。嵇君懶書札，底物慰秋情。

——〈寄飛卿〉

這首詩直接表達了溫庭筠寄來的書信得以安慰她內心的愁苦，從魚玄機寫下的詩句可以看出溫庭筠在她心中的分量。

但孤苦伶仃的魚玄機後來嫁給了長安貴公子李億，李億是名門之後，也真心仰慕魚玄機的才華，還為她購買了一棟別墅，兩人在別墅裡享受著浪漫的新婚時光。

魚玄機看似即將步向美好的結局，但是好景不常，李億早已經有元配裴氏，裴氏得知後，來到這座別墅，天天令下人毒打魚玄機。裴家的勢力龐大，李億的個性畏首畏尾，對夫人更是唯唯諾諾，不敢說個「不」字。最後，李億將魚玄機送進道觀，並再三保證一定會再來看她。

男人的話不一定可信，特別是已經有老婆還到處把妹的男人。

魚玄機每天在道觀門口傻傻等待李億捎來消息，不論是陽光曝曬在她美麗的臉龐，還是雨水打在身上，因為苦苦等候不到丈夫，她寫了一封又一封的情書寄給李億。

書信茫茫何處問，持竿盡日碧江空。

——〈寄李子安〉

聚散已悲雲不定，恩情須學水長流。

——〈寄子安〉

可惜的是，最終她再也沒見到李億，李億連一句問候也沒有，而她心裡記掛的溫庭筠早已遠離長安。

受盡男人的傷害和欺騙，魚玄機的心漸漸死了，難以再被觸動。當一個人一無所有的時候，自然也無所謂失去；與其說心痛，不如說從此她讓自己變成一個心冷的人。

古代的女子獨自生存是一件非常不容易的事，但是魚玄機心裡明白，從此她必須要靠自己堅強地活下去。她在道觀外張貼「魚玄機詩文候教」的字條，表面上是和人切磋文學，實際上做起了男女感情交易的生意。

魚玄機才貌雙全，文人們爭相來看望她，就這樣，過了幾年男歡女愛、放浪不羈的生活。

有一次魚玄機和婢女爭風吃醋，發現婢女趁著魚玄機外出時和客人眉來眼去，她一時失手打死了婢女。當時的她年僅二十多歲，正是人生中最璀璨的年華，卻硬是被官府判決了死刑。

事後溫庭筠得知消息，眼淚忍不住一滴滴落下……

梧桐樹，三更雨，不道離情正苦。一葉葉，一聲聲，空階滴到明。

——〈更漏子〉

離情總是苦澀，雨聲滴落在石階上，一聲聲都令人心碎。第一次見到魚玄機，她便輕而易舉地寫了一首詩，溫庭筠想起那絕世的美貌與才氣，卻不能見她最後一面，心裡百感交集。

溫庭筠和魚玄機之間以才學相識，真心欣賞彼此的文筆才華，雖然年紀相差甚大，卻是忘年之交。

年紀輕輕的魚玄機身世飄零，最終仍無法得到善終；她的生命有如花火，短暫卻絢爛。也許魚玄機傲驕又特立獨行，但是她以美貌與才氣活出了另一種獨特的生命姿態，也在溫庭筠的心上留下難以忘懷的甜蜜與苦澀。

妹子的一舉一動皆在我筆下

溫庭筠在官場上是不折不扣的魯蛇，以致於他流連風花雪月的場所，世人留給他的評價也不脫縱情聲色。上酒樓妓院對他而言是一種心靈慰藉，成日與貌美的歌妓作伴，自然影響到他的詞風。

溫庭筠的詞風以濃綺豔麗著名，擅長捕捉正妹的一舉一動，有「花間詞鼻祖」之稱；他筆下的女性打扮精緻，動作神態優雅美麗，而且他在描寫女性的神韻之外，也善於透過客觀事物的實景襯托女性，例如女性的閨房、首飾等，文詞豔麗精細，堪稱是地表最強的網美包裝高手。

以下我們就來看看溫庭筠如何寫網美包裝企劃：

柳絲長，春雨細，花外漏聲迢遞。驚塞雁，起城烏，畫屏金鷓鴣。
香霧薄，透簾幕，惆悵謝家池閣。紅燭背，繡簾垂，夢長君不知。

——〈更漏子〉

水精簾裡頗黎枕，暖香惹夢鴛鴦錦。江上柳如煙，雁飛殘月天。

藕絲秋色淺，人勝參差剪。雙鬢隔香紅，玉釵頭上風。

——〈菩薩蠻〉

第一首作品，他描寫綿綿春雨時，翠綠的楊柳條細細垂下，在如煙如霧的春季，卻有一個孤單的女子於閨房思念愛人。她聽到更漏聲傳來，聲音之大，彷佛能驚起塞外的大雁、城角的烏鴉、屏風上的金鷓鴣。當我們難以入睡，天地間的所有聲音都會被放大，因為女子輾轉難眠，聲響才會顯得響遏行雲。她夜半想起了遠方的愛人，卻不知道情郎過得如何。

作者的特寫鏡頭一轉，帶入女子的閨房，房內的爐香將盡，仍然能透過簾幕飄來香氣，就如女子的思念難以斷絕。最後她把簾子拉下，想要好好地休息，無奈仍舊在夢中夢見了所思之人。善用動作的鋪陳、環境的氛圍將女子的思念描寫得非常動人。

另一首作品開頭刻劃女性閨房的擺設，描寫水精簾、頗黎枕、鴛鴦錦，室內陳設之講究，從前幾句就可見。「江上柳如煙，雁飛殘月天」則將鏡頭畫面轉向室外，寫所思男子身處的空間，雖然比女子閨房更為開闊，但是遠方的江邊，卻是女子不可到達之處。而女子所裁剪的「人勝」又叫花勝、春勝，是用彩紙或金箔剪刻而成的飾品，可以貼在屏風，也可以戴在髮鬢上。唐代時人會在正月七日（又稱人日）這一天，剪戴人勝象徵迎接春天。他描繪女子的衣著、頭飾、剪人勝，似乎專注在迎接春季，雖沒提到她對遠方之人的眷戀，實則正以剪刀一刀刀裁去內心的思念。

以上兩首皆是溫庭筠的代表作，可以發現他的網美包裝大致有幾個特點：

一、正妹一定要打扮得華美豔麗。

二、閨房設施要有五星級大飯店等級。

三、正妹傳遞的思念很含蓄，讓人猜不透她在想什麼。

正妹的樣態、動作、閨房擺設在他筆下顯得多麼華麗精巧，這就是溫八叉寫女性的功力。不過也有些後人認為溫庭筠筆下的美女雖然美麗，但是富貴氣息濃厚，沒有靈魂和生命力，講白一點就是溫庭筠寫的正妹個個都是濃妝豔抹的富貴妹子，就像花瓶一樣被觀賞，沒有自己的性格。

實際上，精巧富麗正是溫庭筠的作品特色，他用自己的角度觀看青樓女性，難免以男性的視角來描寫他裡想中的女性，但是不可否認的是，他描繪的正妹還是很美、很細膩。而且溫庭筠的作品其實也有沒那麼濃豔，是較為清麗、以情感取勝的作品。例如〈夢江南〉：

梳洗罷，獨倚望江樓。過盡千帆皆不是，斜暉脈脈水悠悠，腸斷白蘋洲。

這裡所寫的女性就不是那麼濃妝豔抹，也沒有用濃豔的詞語描繪女性的容顏或閨房，而是寫女子等待愛人的情感。女子看著來來往往的帆船都不是所愛之人的乘船，內心的失望、愁苦就如那江水悠悠無盡。女子少了富貴氣，卻多了一分深情可愛。

整體來說，溫庭筠的網美行銷詞作多以女性為主題，女子的容貌、情感在他筆下變得精巧細膩。從身邊圍繞一堆正妹，到自己也寫正妹，儘管生活不如意，但是成天跟美女混在一起的溫庭筠，最終因為美女留名，留下了不滅的傳奇。

小結

溫庭筠善於書寫美麗的女人，描繪美女奠定了他「花間鼻祖」的地位。直至今日《後宮甄嬛傳》的主題曲都還是溫庭筠的〈菩薩蠻〉，所以每年重播時我都在重複唱他的歌詞，伴隨著戲劇中的旋律，眼前彷彿出現一個美麗女子，對著鏡子於頭上簪紅花，在閨房等待良人的歸來。

人們不一定認識旋律背後寫詞的溫庭筠，但是他的歌詞至今仍被改編傳唱；人們也不一定知道溫庭筠的面容醜陋，但是溫庭筠筆下女子的形象卻不會隨著時代轉變老去，在字字句句的詩詞傳唱裡，永遠都是那麼嬌媚動人。

第2章

亡國之君發牢騷，惹來殺身之禍——李煜

小周后
李煜
大周后

一般世人都想當帝王，畢竟當帝王日子過得爽，有錢、有妹子，還可以不用背三十年房貸就有好大的皇宮園林，真可謂人生勝利組。但是並非每個人都有治國的才能，可以當好一個君王，在古代，君王位子是傳位下來的，即使沒有治國的雄才也拒絕不了。歷史上有些君王其實很有藝術、文學方面的才能，但就是入錯行當上了君王，最後下場悽悽慘慘，比方現在要講的李煜。

多才多藝，就是入錯了行

李煜，字重光，是五代十國南唐君王，世稱李後主。老爸是南唐君王李璟，李璟詞留下來的作品不多，不過寫得很好，李煜想必繼承了父親的文學才華，而在政治才能上也和老爸一樣，基本上沒有治國的能力。

南唐在歷史上時間很短，不到四十年就滅亡，只經歷了三個君王的治理，分別是李煜的祖父李昪、父親李璟，李煜則是南唐的亡國之君。

南唐最強的時期是在李昪治國時，那時經濟繁榮，文化昌盛，但是到了第二代李璟的手上，國家開始走下坡。李璟時期和周邊各國多次打仗興兵，都沒占到什麼便宜，導致國力下滑，後來又和後周打仗，失去大量國土，奠定了南唐走向衰弱的事實。

李璟去世後只給兒子留了個爛攤子，李煜接位以後，多半的時間也都在享樂，還有沉浸於藝術的追尋。他對於書法、繪畫、文學特別有造詣，但是對軍事和政治卻沒有太大興趣。

李煜除了會填詞、畫畫和寫書法以外，長得又帥、個性仁慈，還喜歡修身禮佛。如果只是普通人，他應該可以做一個不錯的文官，但是「仁慈」放在一個皇帝身上就是過於軟弱。

佛教普渡眾生本意良善，但是李煜過於迷信，用宮中的金錢招募僧人，當時金陵的僧人多達萬人，這對國家的財政而言是一筆非常大的開銷。除此之外，李煜時常跟皇后相約退朝後換上僧人的袈裟，誦經讀書。僧人如果在國內犯錯，他並不依法制裁，而是讓僧人誦經抵過，接著就將他們赦免，從治國的角度來看，這些都是極其荒謬的行為，極度迷信的李煜當時就是這麼惡搞朝政。

李煜信佛這件事情後來被宋太祖拿來利用，他派了一個很會講佛法的人來跟他討論人生，類似我們現在的心靈雞湯。他滔滔不絕地講得李煜心花怒放，以為此人真的是什麼佛祖現世，從此就更少管國家大事，成天念佛。

就在李煜每天歡樂地過著他的小日子時，虎視眈眈的宋正不斷壯大自己，當宋滅掉南漢後，李煜嚇都嚇死了！馬上上書給宋太祖趙匡胤，改唐國主為江南國主，還自己將政權降格。他下的書不稱詔書，改稱為教；換句話說，就是把自己的政權降成地方行政區，以降低趙匡胤的戒心。在強敵宋面前他不思考如何備戰，而是自取滅亡，最終宋出兵只花了約莫一年的時間，南唐就徹底滅亡了，李煜投降宋，淪為俘虜。

說實在話，李煜的個性確實缺少霸氣和雄才大略，生為帝王真的可惜了。

多彩多姿的帝王生活

李煜前期的詞風多圍繞在他的皇宮生活，還有與嬪妃快樂玩耍的小確幸，他的皇后是大周后周娥皇，嫁給李煜時年僅十九歲。大周后人長得美、書讀得多，又善於音樂，非常會彈琵琶。她不僅多才多藝，而且個性寬和善良，集合所有讓女人羨慕、妒忌於一身的條件，如果在現代，或許可以當個女子偶像出道，風靡全球。而在當時她成功地迷倒李煜，兩人可說是郎才女貌，婚後感情非常好。李煜曾經寫過眾多炫耀文描述和美女相處的生活點滴，多描寫美女的美貌，以及兩人之間的小情趣，這些詞作想必羨煞不少單身漢。先來看一闋讓人臉紅心怦怦跳的〈一斛珠〉，有些學者認為這首詞描寫的是大周后：

曉妝初過，沉檀輕注些兒箇，向人微露丁香顆，一曲清歌，暫引櫻桃破。

羅袖裛殘殷色可，杯深旋被香醪涴。繡床斜憑嬌無那，爛嚼紅茸，笑向檀郎唾。

整闋詞寫正妹從化妝出場到赴宴結束的過程，用特寫畫面近距離描繪正妹的小嘴，以及女子在唇角塗上微微的沉檀香畫面。「丁香顆」指的是美女的舌頭，她在唇上抹香微露舌頭的動作讓人不禁害羞，接著又描述由她的櫻桃小嘴唱出一曲情歌，詞中充斥了美聲美色。後面幾句最是精采：「繡床斜憑嬌無那，爛嚼紅茸，笑向檀郎唾。」詞中正妹斜躺在繡床上，嚼著紅茸手帕吐向李後主；他寫到情慾的流動，不會讓人感覺過於露骨，介於限制級和非限制級之間。

李煜前期詞作大多聚焦在他多彩多姿的帝王生活，寫他開派對、看美女跳舞唱歌、在園林遊玩的日常場景，再看一闋〈玉樓春〉也反映了李煜前期縱情聲色的生活：

晚妝初了明肌雪，春殿嬪娥魚貫列。鳳簫吹斷水雲間，重按霓裳歌遍徹。
臨風誰更飄香屑？醉拍闌干情味切。歸時休放燭花紅，待踏馬蹄清夜月。

他寫正妹們紛紛化好妝，一一排列出場，接著又寫到響徹雲霄的音樂聲，在視覺和聽覺上都是華麗的饗宴，有美女可以看，還有好聽的音樂可以聽，空氣中飄來陣陣的香氣，瞧瞧這日子是不是過得太愜意了？最後他還搞了點小浪漫，命人別點上蠟燭，在黑夜中踏上月光、快樂地離去。整闋詞華麗又浪漫，養眼的美女、動人的音樂、裊裊升起的焚香，各種感官刺激都在詞中繽紛呈現。從這些詞作都能窺得李煜前期的帝王生活是多麼歡樂、華麗，身邊圍繞著眾多美女，而美麗的大周后是李煜的第一個皇后。但是，大周后身體向來不佳，就在此時，一個年僅十多歲、貌美如花的女子來探病，她在探病過程中和李煜眉目傳情，眼神中滿是癡癡的眷戀，不捨離去。之後，她時常躡手躡腳地跑去李煜房中，房裡傳來的當然是男女之間的歡愉聲，這女子是誰呢？正是大周后的妹妹，俗稱小周后。

大周后生了重病，妹妹來探望姐姐本是人之常情，沒想到李煜竟然跟自己的小姨子產生不倫的情愫。有一闋詞就是李煜書寫小周后暗地偷偷來見他的畫面：

花明月暗飛輕霧，今宵好向郎邊去！剗襪步香階，手提金縷鞋。畫堂南畔見，一向偎人顫。奴為出來難，教君恣意憐。

——〈菩薩蠻〉

這闋偷情詞把兩人那種偷偷摸摸的心態捕捉得很好。在月黑的夜晚，小周后將鞋子脫掉，手提金縷鞋，腳上只穿著襪子，兩人偷偷摸摸地在廳堂南邊見面，小周后一見面就依偎著李煜顫抖。最後以小周后之口道出：「我出來一趟很困難呀，請您盡情疼愛我吧！」看到這裡，相信很多女性可能恨得牙癢癢，很想狠狠甩小周后幾巴掌吧！小周后確實是名副其實的小三，可恨她也擁有當小三的所有條件，大周后是絕代佳人，小周后身上流著同樣的血脈，長得亦是美若天仙。大周后沉穩端莊，小周后性格更為開朗調皮，年紀又才十多歲，迷得李煜神魂顛倒。

可憐的大周后知道自己的丈夫竟然和親妹妹偷情，內心十分哀痛。原本身體就已經孱弱，經此打擊後，瘦弱的身軀和面容又更為單薄蒼白。但她的惡夢還沒有結束，在身心飽受摧殘之時，大周后的小兒子仲宣突然發病而亡，面對妹妹和丈夫的背叛、愛子的離去，這一連串的痛苦讓大周后難以承受，最終不到三十歲就鬱鬱而終。

李煜在大周后死前一直在病榻前守著她，大周后所有的飲食他都親自處理，湯藥也一定親口喝過才餵給妻子。但是大周后的眼神中只有空洞，始終把身體轉向另一側，不願再正眼瞧李煜一眼。

大周后死後，李煜悲慟不已，身形銷殘，還替她風風光光地舉辦了一場隆重喪禮，李煜對大周后是有真情的。

穠麗今何在，飄零事已空。沉沉無問處，千載謝東風。

——〈輓詞〉（節選）

浮生共憔悴，壯歲失嬋娟。汗手遺香漬，痕眉染黛煙。

——〈書靈筵手巾〉

孰謂逝者，荏苒彌疏？我思姝子，永念猶初。愛而不見，我心毀如。寒暑斯疚，吾寧御諸？嗚呼哀哉！

——〈昭惠周后誄〉（節選）

失去大周后以後，李煜寫下許多悼亡愛妻的作品，如〈輓詞〉寫愛妻亡逝後，一切都如一場空；〈書靈筵手巾〉描繪看著愛妻流下的手巾，雖然還有香漬，但物在人亡，情感真摯，充滿懊悔和悲傷。最有名的是〈昭惠周后誄〉，全篇多為四字句，情緒哀痛直接，反覆描寫失去愛妻的痛苦。

幾年後小周后上位，成為李煜的第二個皇后。不倫戀情裡的小三居然成了正宮，這三人的感情世界或許可媲美灑狗血的電視劇！不過，古代的男人大多三妻四妾，更何況李煜是一個帝王呢！但是充滿正義感的朋友也別生氣，小周后最終的結局還沒結束，讓我們繼續把故事看下去。

小周后的才華和詩書比不上姐姐，個性也不像姐姐一樣善良溫和，甚至可以說是狠辣又自我。她管理後宮極為嚴厲，宮中其他嬪妃若對小周后不敬，可是會慘遭毒打凌虐，或直接遣送出宮。

不過小周后倒是一個很有生活情趣的女人，非常善於熏香，就是我們現代人講究的精油、香皂、焚香等，喜歡把自己的四周環境和身體弄得香噴噴的，如果生活在現代她應該可以開間精油店，或是研發自己的香水品牌。小周后成天研發一些有趣的小玩意，像是在睡覺的時候焚香容易引起火災，所以相傳她發明了鵝梨蒸沉香，將梨子和沉香用蒸的方式置於紗帳中，香味甜潤。除此之外，她和李煜還一起製作各種香茶，也時常和李煜討論美味佳餚、施妝打扮的話題，一個懂調香、懂美食、懂時尚的女人，當然讓男人喜愛，兩人過著十分有情調的浪漫生活。

李煜後宮中出名的除了大小周后姐妹花以外，還有一個窅娘也是奇女子。大周后善於音樂、小周后善於調香，窅娘則善於跳舞，她的長相十分標緻，舞姿又曼妙動人。窅娘據說有胡人血統，所以擁有濃眉大眼、挺鼻，「窅」字有深遠的意思，李煜見到她眼神深邃迷人，便將她命名為窅娘。

一次，窅娘的舞步隨著音樂而起，身上的舞衣也隨著舞姿飄逸，她的長髮在風中搖擺，吹散的長髮遮不住窅娘精緻的小臉，李煜就這樣望著窅娘婆娑起舞的美姿，忍不住吟起王昌齡的〈採蓮曲〉：

荷葉羅裙一色裁，芙蓉向臉兩邊開。亂入池中看不見，聞歌始覺有人來。

這〈採蓮曲〉寫的是一個貌美的採蓮正妹，身穿的綠羅裙和荷花葉子融為一體，美麗的臉蛋也和荷花一樣相互映照，整首詩描繪採蓮女子和荷花合而為一的美妙姿態。

窅娘的舞蹈令李煜看得如癡如醉，他在窅娘的舞姿中想起一個風流故事。南朝齊廢帝也有個愛妃潘玉奴很會跳舞，她還擁有一雙柔弱的小腳，深得齊廢帝的歡心。因此廢帝特別為了她打造三座宮殿，在宮殿的地板鋪上白玉，又鑲上粉玉的蓮花形，讓她在玉形蓮花上翩翩起舞。

李煜靈機一動，齊廢帝是皇帝，老子也是國君呀，我也要來玩新花樣！後來他就命人以金子打造一個巨大的蓮台，讓窅娘在上面起舞，美女的舞姿配上金蓮台，那畫面真的太美。

李煜前期的帝王生活就是這麼歡樂，整天圍繞在美麗的女人身邊，還有享受各種宮廷饗宴。李煜很有生活情調，藝術、文學、美感更是他的生活養分，他懂得找到各種滋潤心靈的方式。但是李煜沉浸在這種小日子久了，因而忽略北方有個強大的敵人正虎視眈眈著他的國家。

亡國後的悲慘生活

北方的宋建國後不斷強大自己的實力，趙匡胤野心勃勃，一心想要統一天下。李煜面對威脅並未勵精圖治、力挽狂瀾，直到趙匡胤接連滅掉幾個國家後，他才有了危機意識，然而他的做法並不是努力強大國力，而是取消南唐國號，並自降身分為江南國主，以示弱的方式降低趙匡胤的猜忌。

積弱不振的南唐，對趙匡胤而言是嘴上的一塊肥肉，勢必要吞下肚的。但是趙匡胤心中仍有一個芥蒂，有個人是他想要拿下南唐最大的阻礙，就是李煜身邊的將領林仁肇。林仁肇十分會帶兵，而且曾多次苦勸李煜要提防宋，還曾建議在宋往返攻打各國之時，趁其不備攻打宋，可是李煜沒有採納他的意見。

對趙匡胤來說，林仁肇是他準備攻打南唐的一根巨刺，他知道李煜的治國智商不高，想到了一個輕輕鬆鬆的反間計，藉此除掉心頭大患。

趙匡胤在南唐使者來訪時，故意在房內掛起了林仁肇的畫像，還告訴那名使者林仁肇已經歸降，這畫像乃是林仁肇送來的信物。哪個男人會在房中掛另一個男人的畫像？要掛也要掛美女的畫。這麼蠢的謊言，有誰會信呢？只要稍微動動腦應該都不會被騙，但是李煜傻傻地上當了，他聽信這些片面之詞，一代名將林仁肇因此含恨喝下李煜所賜的毒酒。

林仁肇被李煜親手賜死，此時趙匡胤已經不再有顧忌，接連出兵拿下南唐的眾多城池，準備直擊南唐首都金陵。因為金陵有長江作為天然屏障，所以李煜心想這次宋兵肯定過不來，沒想到宋兵根據水圖準備架設浮橋渡江，李煜和大臣們還在會議上討論宋軍真笨，從沒聽過架浮橋就能過江，更何況是面對寬廣的長江。李煜沒想到笨的其實是他自己，宋軍順利地過了江，直逼金陵而來，李煜當時還在禮佛參拜，殊不知城內早已皆是宋軍的旌旗和兵馬。

李煜派了手下的大臣徐鉉去跟趙匡胤談判，不管徐鉉講得再好聽，趙匡胤都已兵臨城下，當然不可能把到了嘴邊的食物輕易放掉。趙匡胤不屑地對徐鉉說：「臥榻之側，豈容他人鼾睡。」這等於在跟李煜說，我的國土豈容他人分享呢？李煜終於明白趙匡胤不可能罷手，他有一度狠下心想：不如跟我的忠臣們一起自盡吧！他身邊忠臣倒是自盡了幾個，不過李煜沒有那樣剛烈的氣概，最終還是沒有勇氣走上自殺之路。他披頭散髮、身穿薄衣，露出上領，親自迎接趙匡胤，並恭敬地獻上降書。此後，李煜再也不是養尊處優的帝王了，國土不再屬於他，他已淪為宋的俘虜。

從君王成為俘虜，待遇和身分天差地遠，對李煜而言，就像是從天堂掉入人間。趙匡胤雖然名義上封李煜為侯，提供他吃好喝好的生活，實際上是讓李煜和小周后搬到宋的首都汴京來，以便隨時監視他。這樣被控制的生活，對李煜這位曾經隨心所欲的帝王而言，心裡是非常痛苦的。

但是他不知道更痛苦的在後頭，趙匡胤是大宋開國君王，一心在於平定天下，怎麼說也是個響噹噹的人物，雖然派人監視李煜的生活，但是並沒有傷害李煜，也沒有過度刁難他。只是，趙匡胤滅完南唐後隔一年就過世了，隨著下個帝王趙光義繼位，李煜的生活才真正邁向了地獄。

宋太宗趙光義登基為皇帝後，在一次百官群集的宴會上，他把色迷迷的眼光投向了美豔的小周后，從此每次的群臣宴會，趙光義都令小周后留下，讓李煜先行回去。一個有權力的男人把美麗的女人留下，總不可能只是要請她吃飯聊天，李煜當然知道趙光義會對自己的妻子做出什麼事，小周后內心也百般不願，但是他們只是他人的俘虜，沒有任何拒絕的餘地。

趙光義公然給李煜戴了一頂大大的綠帽，為此，小周后日日以淚洗面，李煜內心也十分沉痛，但是為了苟活下去，他們無法抗拒這樣受人凌辱的生活。

除了小周后生不如死，趙光義色迷迷的目光又轉向窅娘。窅娘的名分不高，她其實不用跟著李煜來到汴京，但是在離開金陵時，窅娘癡情地望著將離開的李煜，李煜多次勸她留在金陵，她的眼神堅定、語氣溫柔地告訴李煜，她願意追隨她的國君，李煜在哪裡，窅娘就在哪裡。

一次宴會上，窅娘為眾人起舞，但是她卻背對趙光義，面向著南方跳舞。趙光義見窅娘的姿態撩人，不斷叫她回頭，她卻還是向著南方，沒理會趙光義的呼喚。

簫聲、琵琶聲，伴隨著管弦樂奏出美妙的旋律，窅娘用盡每分力氣跳著這支舞。最後的尾聲到來，隨著音樂結束，窅娘捲起衣袖，眼神堅定，因為她在心裡下了決定。就在眾人還沉浸在剛剛炫目的歌舞中時，只聽到水聲嘩啦，窅娘已投身金蓮台下的池水。在一圈圈向外擴散的漣漪中，窅娘的身軀不斷下陷，徒留在台上悲傷不已的李煜。

直到生命的最後一刻，窅娘的臉還是朝著南方，眼神所望之處是南唐的國土。

引來殺機的絕命詞

亡國後的李煜身不由己，不僅是所愛的女人，連自身性命都無法操之在己。為什麼我是一個帝王呢？這也許是李煜最常問自己的問題。他活得何其痛苦，只能眼睜睜看著故土和愛人被人踐踏。但是他最偉大的文學成就也在亡國後，此時他的作品將令「李煜」這名字在詞史上永垂不朽。

李煜的生平太獨特，做為一個皇帝，他享盡世人無法享有的榮華富貴。但是亡國後做為一個俘虜，飽受身心摧殘，這樣大起大落的人生不是普通人可以經歷的，這些轉折也反應在他的作品之中。

李煜後期的詞風一改前期縱情聲色的詞風，充滿國破家亡的哀戚和悔恨。先來看這首大家較為熟悉的〈浪淘沙〉：

簾外雨潺潺，春意闌珊，羅衾不耐五更寒。夢裏不知身是客，一晌貪歡。
獨自莫憑欄，無限江山，別時容易見時難。流水落花春去也，天上人間。

明明是春季，卻是凋殘衰殘的意象，初春的寒冷恰似李煜內心無法退去的蕭瑟。李煜的淒苦唯有那短暫的夢境，能讓他暫時忘卻現世的煩惱，但是醒來回歸現實，徒添感傷。夢醒後登高望出去的是熟悉的土地，卻已經不再是屬於自己的國土。

詞的最後一句描寫消逝的水和花朵，水、花不斷變動，為無常的象徵，正如李煜的人生從繁華到哀寂。這首詞用詞遣字不像溫庭筠的作品那般華麗，也不似李煜前期的文字風格濃豔，語詞清淺直白，但是情感真摯，道盡了李煜內心的愁苦。這份愁苦含括了許多世人都會經歷的無常，以及共同的無奈。我們在李煜的詞中也能讀到自己生命的殘缺；清淺的語詞、動人的情感、具體的畫面，都讓人能輕易進入詞中想要傳遞的感情。

李煜亡國後沒辦法像以前自由自在，成為俘虜的他被人日夜監視，更悲慘的是他曾經享盡榮華富貴，為何現在淪落如此？他的心中有太多牢騷和抱怨想要抒發，所以創作靈感源源不絕地傾洩而出，他的創作生涯中最好的詞作幾乎都是在此時寫下來的。

詞學大師王國維曾說：「詞至李後主而眼界始大，感慨遂深，遂變伶工之詞而為士大夫之詞。」詞在李煜之前基本都是書寫歡宴場合之作，而李煜最大的成就在於以詞書寫內在的感慨愁苦，讓詞體不再只是酒樓的應酬作品，也不再只是書寫女性的華豔之作，而是出自肺腑的真情之作。

春花秋月何時了？往事知多少。小樓昨夜又東風，故國不堪回首月明中。
雕欄玉砌應猶在，只是朱顏改。問君能有幾多愁？恰似一江春水向東流。

〈虞美人〉

春花秋月這些美好的事物什麼時候會結束呢？月光籠罩在熟悉的領土，卻不忍回首去看，因為早已不是自己的國土。宮殿的雕欄玉砌也許依舊，但人事已非。詞中最後兩句更是經典名句，將內心無法排遣的愁苦比喻為源源不絕的江水，哀愁就如那江水一樣，永遠也化不去。

如果有個員工成天在臉書上抱怨自己過得很慘，老闆看了肯定會不爽。他在心裡OS：「你在我這邊上班，成天發牢騷、搞厭世，不就擺明在怪罪我？」

〈虞美人〉便是李煜的絕命詞，這首詞引來趙光義的猜忌，讓他內心非常不舒坦，於是賜給了李煜含有牽機毒的酒。

牽機毒是一種喝下去以後不會立刻死亡，而是全身慢慢扭曲而死的毒酒。李煜拿起酒杯，清澈的酒水映照他正值壯年卻愁容滿面的臉孔，他想起在那熟悉的宮殿裡，溫柔敦厚的大周后正彈著琵琶、貌美又爽朗的小周后在房內燃香，還有一生只為他起舞的窅娘……短短四十多年的人生片段，在死前如一幕幕投影打在他的心上。

北宋太平興國三年，正值四十出頭的李煜。諷刺的是，李煜曾冤枉林仁肇，以毒賜死一代名將，最終他也被趙光義賜毒身亡，也許這是他逃不過的業報。

李煜死後沒多久，小周后也隨之而去，有人說是自殺，也有人說是暴斃或鬱鬱而終。亡國之君的女人，她的性命在當時只是人們茶餘飯後的故事，並沒有人真正在意。大周后過世的那年是二十九歲，小周后比自己的姐姐早一年離世，二十八歲就結束了短暫的生命。

小結

讀完李煜的故事後，應該有一百個討厭他的理由，他沒有治國的才能，可以說是個無能君王；此外，他的一生中也沒有專一地去愛一個女人。

但是李煜向來不想要權力，只是他沒有拒絕的選擇。做為皇子之時，他就無心戀棧權力，李璟的長子為了奪權謀反，後來事發後被賜死，二子到五子又相繼早逝。命運像是跟李煜開了一個天大的玩笑，最終由他繼承皇位。

李煜雖然多情，但是他對大周后、小周后、窅娘都投入一片真心，他會因為所愛女子的開心而笑、因為所愛女子的悲傷而痛苦。若不是身在無法作主的皇家，還有那個不能選擇的時代裡，他和自己所愛的三個女人或許都能活出自我，也活得更好。

作家王鼎鈞說：「時代像篩子，篩得每一個人都流離失所，篩得少數人出類拔萃。」李煜在那時代下，既是失所的可憐人，卻也出類拔萃。他的人生透露了他性格上的缺陷，卻也有大時代下的無奈。或許，政治史裡的李煜不是個好君王，但至少在中國文學史裡，李煜絕對是永恆的詞中之帝。

第3章

到處都在放我的歌！宋代KTV排行榜常勝軍——柳永

柳永
酒

青春無限好

青春是個美好的詞彙，是開始品嘗初戀甜與澀的年紀，還可以盡情地打電動、熬夜追劇三天三夜、天天喝全糖大冰奶……我們都有過年輕猖狂的歲月，如今回想起來都忍不住微微一笑，那是無所畏懼的年代，有著揮霍不完的時間。

這章我們來談談那個跟我們一樣，曾經年少輕狂、放縱又驕傲的才子——柳永，他有著光彩煥發的家世和滿腹詩書的才氣，相信自己有一天會跨過那道科舉的窄門，功成名就。

柳永，原名柳三變，因在家中排行老七，一般也叫他為柳七。柳永的祖父輩們、父親、兄長們大多高中科舉為官，是官宦世家。現代人的家庭教育多要求孩子會讀書才有前途，柳永有良好的身家，自然可以額外補習、請家教，贏在人生起跑點。

柳永也真的是個乖寶寶，不負家人的期待，努力用功讀書，再加上天資聰穎，不管是識字讀書、下棋、彈琴，很快就學會了！據說寫詞也是一樣，有一次他在牆上瞥見一首詞，細讀兩遍後，腦海中靈光一閃，從此悟出寫詞的秘訣，往後不管遇到什麼曲譜都能信手拈來，寫出一首好詞。

家世、努力、資質……他已具備所有擠進窄門的條件，只待赴京參加科考，一舉成名。

為了出人頭地，柳永二十歲左右，前去拜訪杭州知府，打算先搞好官場人脈，還寫了一首描繪杭州美景的〈望海潮・東南形勝〉，準備好好奉承一番：

東南形勝，三吳都會，錢塘自古繁華。煙柳畫橋，風簾翠幕，參差十萬人家。雲樹繞堤沙。怒濤卷霜雪，天塹無涯。市列珠璣，戶盈羅綺競豪奢。

重湖疊巘清嘉。有三秋桂子，十里荷花。羌管弄晴，菱歌泛夜，嬉嬉釣叟蓮娃。千騎擁高牙。乘醉聽簫鼓，吟賞煙霞。異日圖將好景，歸去鳳池誇。

這首詞的大意是細數杭州美麗的風光，描述杭州四季的不同美景，春日煙柳、夏日荷花、秋日桂子，還有富貴人家爭相追逐豪奢生活的盛況，用一闋詞寫下杭州的美麗與繁榮。此詞一出，整個杭州紛紛傳唱，接著這首作品又傳遍了大江南北，讓柳永的名字遠近馳名，一時之間，豪門子弟和青樓名妓都爭相前來，想要認識柳永。

但是以詞聞名的文人，大多有個壞毛病，就是愛泡妞。杭州有太多誘惑等著柳永，他本來就是富二代，加上名聲大噪後，有錢又有名就是囂張，歌妓們對他更是趨之若鶩。杭州到處是青樓、酒館、美女，柳永初入大觀園，看得目瞪口呆！佳人、美酒當前，為國報效、金榜題名、魚躍龍門算什麼？先爽一波再說。於是他在杭州的日子，多和秦樓楚館的歌妓來往，玩得不過癮，他還跑去同屬江南富庶之地的蘇州、揚州，日子過得逍遙又快樂。

在妓院泡妞也是可以學習寫詞的，請別小看以前的歌妓，要在江南這到處是豪門的地方闖出一片天，不能只有美色，還要有才藝，所以歌妓們多半通曉音樂和文學。柳永除了左擁右抱美女以外，也和歌妓吟詩作對、填詞歌唱。若是詞寫得好，歌妓就有新歌可以唱，當時的歌妓如果拿到柳永的歌詞，據說身價都能翻升好幾倍！所以，柳永新作一寫完，歌妓們就歡聲雷動地拍手鼓掌，對男人來說，美女的肯定真是太重要了，所以別只看他出入聲色場所，這可大大地影響他的寫詞功力。

柳永起初來杭州的目的是搞好官場的人際關係，藉以得到更多有力人士的提拔，結果變成尋花問柳，被五光十色的刺激所吸引。原本只想稍微泡一下妞就算了，但是溫柔鄉太迷人，一不小心，他居然泡了六年。雖然泡妞一時爽，一直泡妞一直爽，往後卻替柳永種下了苦果，讓他只能在懊悔中緬懷過去。

皇帝看我泡妞很不爽

柳永浪漫不羈了好幾年，終於下定決心要上京趕考，浪子回頭金不換，真是可喜可賀！此時的他大概二十五歲，還是個年輕帥氣的小夥子，雖然荒廢了一段時間，才名早已傳遍大江南北，他在心裡沾沾自喜著：「老子就是天才，肯定可以輕鬆高中科考。」

柳永第一次上京的科考結果如何呢？ＧＧ，落榜！

為什麼大名鼎鼎的才子還會落榜？因為他不只才氣聞名遐邇，成天上妓院風流成性更是花名在外，當時的宋朝四周有外族虎視眈眈地覬覦它的國土，因此宋真宗下了道命令，這次科舉考試要選拔讀聖賢書、以儒家經世濟民為抱負的讀書人；講白一點，科考要的是「正經人士」。像柳永這種成天混青樓的廢青，歌詞寫的又大多是一些小情小愛、風花雪月的內容，自然與榜單無緣了。

第一次失敗了，沒關係，當個重考生，努力再戰吧！宋真宗時期，柳永又接連再去考了兩次。結果呢？又是ＧＧ，落榜！

公務員考試的失敗，讓柳永沮喪透頂：「老子都已經是網紅等級的詞曲創作人，到處都在播放我的歌，但是考個科舉卻屢次被坑爹。」於是，他決定使出拿手必殺技——繼續寫歌靠北。柳永寫了首〈鶴沖天〉將考不上科舉的悲憤之情宣洩其中：

黃金榜上，偶失龍頭望。明代暫遺賢，如何向？未遂風雲便，爭不恣狂蕩？何須論得喪。才子詞人，自是白衣卿相。

煙花巷陌，依約丹青屏障。幸有意中人，堪尋訪。且恁偎紅翠，風流事，平生暢。青春都一餉。忍把浮名，換了淺斟低唱！

白話翻譯就是：「我絕對是天才沒錯，考試失敗是意外，君王錯失了我這個大好人才，真是太可惜了！不過沒考上我也不在意，反正我還有青樓可以去泡妞。人生苦短，功名都是屁，我寧願把功名換成正妹，在我旁邊唱歌斟酒！」這首歌一出，果然又被人四處傳唱，成為KTV必點歌曲。

唉，柳永你可真幼稚、任性又傲驕，明明心裡在意得不得了，還要假裝沒事。

後來皇帝換人當，真宗下位，仁宗上位。這回，柳永也許就有機會考上國家公務員了吧？結果呢？GG，又落榜了！

這次落榜並不是柳永沒有實力，他的名字原來已經出現在榜單上，不過仁宗皇帝看到他的名字：「柳三變？不就是那個說要正妹不要功名的人嗎？那你考個屁呀！這麼傲驕的人進來了，豈不是天天擺臉色給我看？把這名字給我從科考榜單上去掉！」

人紅是非多，柳永的歌曲紅到了皇宮，連仁宗皇帝都聽過他的歌，但仁宗並沒有因此而欣賞他；相反地，還給了他重重的一擊，叫柳永滾回去：「好好填詞！」

柳永得知皇帝將他排擠出科考榜單，內心當然又生氣又委屈。連皇帝都叫我專心填詞，他自知和科考無緣、沒救了，不如放生吧！接下來他又回到了無限墮落、繼續撩妹的生活，在青樓寫歌為生，日子過得渾渾噩噩又迷茫。

低階公務員的辛酸誰人知

在考場上經歷多次失敗的柳永，年屆五十，頭髮也白了。在青樓打混多年的他，少了些狂妄，但是萬年魯蛇的氣場依舊不變。

景祐元年（一〇三四年），有了幾次科考被陰的經驗，他將自己改名為「柳永」應考，在此之前，柳永的名字是柳三變。他心裡想：「老子換個名字，皇帝認不出是我，看他怎麼把我趕下榜單！」這看似很中二的改名大法，究竟有沒有用呢？

那年仁宗皇帝特開恩科，放寬錄取標準，改名後的柳永果真金榜題名了！WOW！看來他可以直接晉級為高階官員，享受後半生的榮華富貴！可惜的是，理想跟現實總是差得十萬八千里，柳永的個性單純，現實卻是殘酷的。

柳永成為國家公務員之後，雖然有固定薪水，但公務員也是有分等級的，他年近半百才中科舉，往後當的都是最低層的公務員，領著窮酸薪水，又時常被調任，到處遷移。

沒進入官場前死命地想要擠進去，進去以後又發現跟自己想得不一樣，這就是人生吧！

柳永雖然是個情場浪子，當起官倒是很認真，政績非常好，每到一處，人民都十分愛戴他。但是上班再認真又如何？天天喝蠻牛爆肝加班，老闆也看不到，甩都不甩我……

為了擺脫22 K低薪的宿命，柳永做了很多努力，包括抱著高層的大腿不放，不斷寫信向上級說：「拜託！我要升官發大財！」柳永和我們一樣，都是有血有肉的凡人，希望工作能夠更安穩，每個月的薪資袋再更厚一些。為了討口飯吃，柳永縱然才氣萬千，仍然卯起勁來向高層請託。

後來他向當時的宰相晏殊毛遂自薦，想得到更多關注，不過晏殊只回了一句：「情歌王子的歌這麼紅，何必想著加薪呢？」柳永的詞多半是情歌，加上又有愛泡妓院的前科，以致於他在辦公室的風評就是「渣」、「廢」、「混」，所以晏殊連正眼都不想瞧他一眼。

上級主管不理我，那我直接向老闆討拍吧！柳永再次發揮他的拿手技能，寫了首〈醉蓬萊〉來討好仁宗：

漸亭皋葉下，隴首雲飛，素秋新霽。華闕中天，鎖蔥蔥佳氣。嫩菊黃深，拒霜紅淺。

近寶階香砌，玉宇無塵，金莖有露，碧天如水。正值開平，萬幾多暇，夜色澄鮮，漏聲迢遞。

南極星中，有老人呈瑞。此際宸游，鳳輦何處，度管弦清脆。太液波翻，披香簾卷，月明風細。

相傳那年的中秋節前後會有老人星，老人星出現為天下太平的象徵，於是柳永決定寫首詞來拍皇帝馬屁。詞中描寫開平盛世的佳節又逢老人星，大宋未來一定好棒棒！但是仁宗看完他的詞作後臉色很黑、很沉，生氣地說：「『太液波翻』為何不寫『太液波澄』？」仁宗覺得「翻」字不好，但天知道為什麼他不喜歡這個字？畢竟老闆的心是很難捉摸的，沒想到馬屁拍錯了地方，惹得仁宗更加生氣、厭惡他。

柳永得罪了大老闆，從此注定只能在低薪地獄中打滾至死。到了晚年，在他六十多歲臨死之前，他還是領著22K，嘴裡高喊著：「我要加薪！」卻始終是個人微言輕的卑微小咖。

KTV排行榜的常勝軍

柳永在科考仕途上不順遂，但他在女人堆裡很受歡迎，青樓歌妓都十分喜愛他。除了柳永會為她們寫出一首首暢銷歌曲外，更重要的原因在於他自己是個魯蛇，不會以一種高高在上的傲慢心態跟歌妓相處。多數文人將青樓視為休閒娛樂場所，不是會把歌妓當成知己，但是柳永長期沉迷於青樓，理解歌妓的辛酸，所以真心為了她們創作，像是知己好友一般相處。

倘若柳永身在現代一定是方文山等級的大咖創作者，北宋時有句話形容柳詞的傳播之廣：「凡有井水飲處，即能歌柳詞。」有井水喝的地方都能唱柳永的歌詞，簡直是流行歌曲界的網紅，人人都會唱他的歌。

為什麼柳永寫的歌這麼受歡迎呢？柳永的歌詞十分口語化、非常好懂，但是描述情感和場景卻是細膩深刻，加上他精通音律，寫出來的詞都能合乎詞譜旋律，因而不斷創作出一首首琅琅上口的歌曲，成為北宋ＫＴＶ點歌排行榜總冠軍。遺憾的是中國古代文人自幼就被灌輸要讀書、考試中舉、光耀門楣才是有出息的觀念，若是處在現在自媒體當道的年代，柳永早就靠寫歌發大財了，說不定還能成為大牌歌手的指定填詞人，根本不用考科舉來證明自己的實力。

來看一首他當時的暢銷金曲吧！像是長踞情歌排行榜的〈雨霖鈴．寒蟬淒切〉：

寒蟬淒切，對長亭晚，驟雨初歇。都門帳飲無緒，留戀處，蘭舟催發。執手相看淚眼，竟無語凝噎。念去去，千里煙波，暮靄沉沉楚天闊。

多情自古傷離別，更那堪，冷落清秋節！今宵酒醒何處？楊柳岸，曉風殘月。此去經年，應是良辰好景虛設。便縱有千種風情，更與何人說？

這是一首離別情歌，描寫一對情侶即將分別，戀人緊握著彼此的手卻說不出話來。蘭舟最終還是要駛離岸邊，駛向那遙遠的煙波外。下片提到眼前的美景和內心的情緒都難以向人訴說，這次離別，下次不知何時能再相遇。詞的內容寫的是最容易觸景傷情的離愁，文字淺顯，但是真摯的情感十分能夠打動人心。

小結

柳永靠著真情、淺白、合樂，寫出了一首又一首暢銷金曲，歌妓們爭相搶占他的新詞，巷口的市井小民對於他的歌琅琅上口，影響力遍及各地。但是，柳永這位浪蕩的才子一生沒有高階官職、沒有豐厚薪水，離開人世時沒有什麼可以帶走，甚至沒有親人送終。

柳永去世後，歌妓們出錢替他下葬。葬禮當天，夕陽的餘暉灑落一地，謝玉英、陳師師等京城名妓個個以淡妝素衣的裝扮現身，有人為柳永的去世哭了一整夜，面容顯得十分憔悴。她們圍繞在柳永的墓前悼念，感受到了離別依依的苦澀。

當彩霞渲染成一片橘黃，此時，耳邊也傳來歌妓們清脆婉轉的歌聲：「多情自古傷離別，更那堪，冷落清秋節！」餘音繚繞，飄蕩在蕭蕭風聲裡。

在逢場作戲的歡場中少有人會投以真心，柳永卻花了這一生的時間，用最真切的同理心與溫情，對待這群萍水相逢的歌妓們。

他風流、放縱卻也單純，最難得的是，擁有人間溫暖的真情。

最後，他揮揮衣袖，不帶走一片雲彩。

第4章

天才就是狂，沒在管歌詞能不能拿來唱——蘇軾

蘇軾

是學霸，也是政壇邊緣人

關於蘇軾，我想不需要多加介紹，你也知道他的號為「東坡居士」，同時是北宋大才子。什麼原因使我們叫他才子呢？這是因為一個才子該會的東西他全部都包了！例如詩、散文、賦、書法、繪畫他都非常擅長，此外他也是豪放派詞風的重要代表人物。樣樣精通，真的超狂！

除了天資聰穎，蘇軾還出身書香門第，父親蘇洵、弟弟蘇轍，一家都是大文豪，他們都以文學名留青史；而蘇媽媽程氏也是個才女，從小就教導蘇軾和蘇轍要好好讀書做人，蘇軾和弟弟在耳濡目染之下，漸漸成為博聞強識的才子。

嘉佑二年（一〇五七年），蘇家傳來了喜訊，兄弟倆同年輕鬆高中科舉，堪稱是學霸中的學霸！那一年，蘇軾才二十二歲，而蘇轍十九歲。同時期的「唐宋八大家」之一曾鞏則是萬年國考生，考到滿頭白髮才高中科考。

蘇軾年紀輕輕考上科考，這麼聰明的人才，他的人生應該極其順遂才對，可惜的是他一生的政途非常坎坷。

在政壇中，黨與黨之間難免會有紛爭，有人的地方就是江湖。

宋代有新舊黨爭，新黨這派以王安石為主，主張積極變革朝政；舊黨以司馬光為主，反對王安石積極躁進。

宋神宗重用王安石，希望可以改革國家朝政，結果朝廷一堆大臣不滿王安石的作為搶著辭職，許多忠良諫官也都紛紛被罷免。蘇軾深知變法過於急進，因此上呈近萬言的公文，勸諫神宗接納不同的意見，但是接連呈了好幾封信都沒有得到回音。

蘇軾是光芒四射的才子，率意寫下的作品都是曠世佳作，而且個性不拘小節、直接狂放，講白一點就是才子容易患有的白目症。他的鋒芒外露招來許多人忌妒的眼光，加上接連直言上諫，新黨人員視他為眼中釘。因此他在朝廷中備受排擠，成為邊緣人，後來更讓新黨逮到了一個陷害他的理由。

高中科舉沒多久，蘇軾母親過世的惡耗就傳來，他必須回四川處理母親的喪事。朝廷中的小人開始在辦公室造謠，說他在搬運母親靈柩的過程中，濫用職權出動朝廷的衛兵，並且購買家具、陶瓷，甚至販賣私鹽圖利。

朝廷官員後來派人去調查，發現蘇軾可能有買家具、陶瓷等貨物，但沒有做其他違法的事情，這件事情卻被新黨小人給牢牢抓住了小辮子，大肆地攻擊蘇軾。

由於莫名其妙的栽贓，三十六歲那一年，蘇軾遭到外放，來到了風光明媚的杭州。

美麗的杭州風光給予了蘇軾創作的養分，他在杭州時開始致力於ＰＯ文寫歌詞，時常流露人生失意、年華老去的慨嘆。

他這時期的作品多以寫景、送別、思鄉為主。

輕雲微月，二更酒醒船初發。孤城回望蒼煙合。記得歌時，不記歸時節。

巾偏扇墜藤床滑，覺來幽夢無人說。此生飄蕩何時歇？家在西南，常作東南別。

——〈醉落魄．離京口作〉

小船在雲霧月朦中出發，回頭一看是煙霧迷濛的孤城，縹緲無依靠的船就如蘇軾外放到杭州的處境一般。蘇軾在睡夢裡頭巾偏了、扇子掉了，他在船中作夢，不知不覺地，身子一直在漂流，醒來後無人可訴說剛才的夢境。詞中彌漫無處安身、無奈落寞的生命狀態，最後只能感嘆「此生飄蕩何時歇？」

明明家鄉就在西南邊的四川蜀地，卻外放到江南，詞中也表達了他強烈的思鄉情懷。

再來看另一首〈卜算子．自京口還錢塘，道中寄述古太守〉：

蜀客到江南，長憶吳山好。吳蜀風流自古同，歸去應須早。
還與去年人，共藉西湖草。莫惜尊前仔細看，應是容顏老。

詞中融合了思鄉、離別、年華老去之情。「蜀客」是說自己作為蜀地人卻來到了異鄉江南，他用蜀和江南風光景色皆美麗、風流人物眾多來安慰自己，心裡卻還是渴望回到故鄉蜀地。東坡拿著酒杯，清澄的酒映照出他衰老的容顏。

唉！這表達的情感跟那首我們很熟的歌不是很像嗎？

時間都去哪兒了　還沒好好感受年輕就老了……

——陳曦〈時間都去哪兒了〉

年少的青春總是消逝得特別快，從前所喜歡的、感到快樂的，都成為了過去。

流轉爲官，以詞悼念亡妻

在密州（今天的山東諸城）任官時，蘇軾作了一個夢，醒來淚流滿面。夢中，他看到已逝的妻子坐在窗台前打扮妝容，想起過去和妻子相處的點滴，那些過往是如此的甜蜜，令他一生都難以忘記。

但即使再次和妻子相遇，妻子可能也無法認出衰老的自己，這位中年大叔將自己十多年來不得志，徒增年歲的憂鬱情結，發揮得淋漓盡致。

十年生死兩茫茫，不思量，自難忘。千里孤墳，無處話淒涼。縱使相逢應不識，塵滿面，鬢如霜。

夜來幽夢忽還鄉，小軒窗，正梳妝。相顧無言，惟有淚千行。料得年年腸斷處，明月夜，短松岡。

——〈江城子・乙卯正月二十日夜記夢〉

受到新舊黨爭影響，蘇軾四十歲前多在地方任官，流轉各地時還時常在風花雪月之地寫詞給歌妓，韻事不斷。但是蘇軾描寫女性的詞作中，最為著名的是他年屆四十歲，從杭州調到密州為官時思念亡妻王弗的作品。

王弗小蘇軾三歲，嫁給蘇軾時年僅十六歲，兩個人在人生中最美好的年紀相識，共結連理。此外，王弗冰雪聰明、知書達禮，記憶力特別好，蘇軾讀書之時，她時常相伴左右，若蘇軾忘記書中內容，做妻子的她還會稍作提醒。

蘇軾的個性直接，講話經常口無遮攔，想到什麼就講什麼，身為妻子的她也會在身邊叮嚀蘇軾要小心那些心懷不軌、見風轉舵的小人。

王弗不僅是蘇軾的妻子，也是貼心的知己好友，總是在他身邊陪伴、提醒著。可惜的是蘇軾宦海浮沉，到處流放任官，王弗跟著奔波操勞，導致二十七歲早逝，僅僅陪伴蘇軾度過了早年的生活。

我愛妳，卻沒有辦法給妳安穩的生活，也不能與妳長相廝守，這或許是東坡心中最深沉的痛。

他懷想妻子對著軒窗梳妝的模樣，但再次相逢的時候卻無言以對……真情很難用言語真切表達，千言萬語都無法表達自己內心的愛戀。

年年都在肝腸寸斷地思念愛妻，但是現實世界裡只剩下妻子的松岡墳墓。

蘇軾在年壯的三十歲，愛妻卻永遠離開他。

但為什麼十年後，蘇軾已經四十歲左右才以詞書寫對亡妻的思念？三十歲以後的蘇軾流轉於各地當官，十多年來的思鄉愁苦、懷才不遇、青春消失已累積在心裡。愛妻早逝，當官不得志，年紀卻越來越老的他，只能到處漂泊。

隨著時間不斷流逝，蘇軾的人生遭遇了許多挫折。寂寞的夜晚，讓他憶起那個唯一會使他感到溫暖的女子。愛妻容貌依舊美麗，自己卻已經面容滄桑、長滿白髮，可說道盡了內心的淒涼。

衰尾時期的顛峰之作

蘇軾的人生顛沛流離，但命運之神一直沒有放過他。

宋神宗元豐二年，蘇軾年屆五十歲，差點被判了死刑，讓一代文豪幾乎赴死的案件正是烏台詩案。

烏台詩案以前，蘇軾官運不得意，但從未和死亡有過交集。烏台是古代御史台，負責掌管官員的彈劾案件，而烏台詩案整件事情的引爆，源於蘇軾的文字。

朝廷中的小人拿他寫的詩文，以其中的字句隨意抹黑，說他對朝廷不忠誠，這當然是莫須有的罪名，只是為了陷害蘇軾。神宗皇帝原本不相信，但是三人成虎，蘇軾在朝廷中的人緣不好，想要陷害他的小人太多，朝廷中討厭蘇軾的聲浪也不小，讓神宗從不相信到後來半信半疑，蘇軾因而陷入了文字獄。

熱愛創作的才子，居然被人抓著自己的文字潑上一盆髒水，這是有苦也說不出的委屈。因為沒來由的原因，蘇軾被關起來，但是在被逮捕的前一刻，他還在家中拿著酒杯瀟灑地喝酒。蘇軾的內心光明正大，並不覺得自己犯了任何罪，事實上他確實沒犯罪，所以起初對這些謠言毫不在意，一直到官兵闖進家門要逮捕他，才知道事情有多麼嚴重。

在監獄一百多天的日子，蘇軾命懸一線，內心充滿煎熬，圍繞他的只有空間窄小的惡劣環境，四周是黑暗斑駁的牆，死亡的氣息正不斷逼近著他。

關進監獄的日子裡，長子蘇邁天天幫他送飯，父子私下約好每天只送簡單的飯菜，如果被判死刑的話，當天就送魚。有天蘇邁出城辦事，請別人幫忙送飯，那人並不知情，特地買了條魚加在飯菜裡。一打開飯盒，蘇軾忍不住悲從中來，在悲傷中寫了一首詩寄給弟弟蘇轍。

在詩的最後兩句提到：「與君世世為兄弟，又結來生未了因。」希望和蘇轍生生世世都是兄弟，下半輩子都還能再相遇。

蘇軾遭難，在身旁默默守護的一直是最親愛的弟弟蘇轍。

蘇轍讀完這首詩，眼淚潸潸落下。但聰明的蘇轍並沒有收下這封信，他將這封信還給了獄卒。由監獄傳出來的信，如果收信人未收下，都會再被高層單位調查。後來事情發展果然如蘇轍所料，這封信傳到了神宗手上，神宗讀完後被這對兄弟的真情所感動，不禁對蘇軾產生了同情，再加上當朝太皇太后非常欣賞蘇家兩兄弟的才華，力保蘇軾，蘇軾最終留下了一條小命。

然而，蘇軾雖免除死刑，卻被貶謫到黃州，黃州位於現在的湖北，當時是個非常荒涼的地方。《東坡志林》記載：「近聞黃州小民，貧者生子多不舉，初生便於水盆中浸殺之，江南尤甚，聞之不忍。」黃州當時貧困到很多家庭沒有能力撫養孩子，選擇把剛生下來的孩子溺死，由此可知當地的經濟情況十分落後。

貶謫黃州的衰尾時期，卻是蘇軾文學成就最高峰的階段，他一生最好的作品大多在此時創作，讓他擄獲千千萬萬的粉絲，成為了家喻戶曉的網紅。

悲傷和痛苦昇華了他的文學才能，展現出畢生最高的寫作成就。

蘇軾在黃州時期的創作，是為了以詞宣洩情感。一連串顛沛流離的貶謫，加上他個人的胸懷寬大，讓他所見的世界不再局限於庭台樓閣、花園庭院，空間格局都更加開闊，抒發的情感也更為奔放、豁達。

大江東去，浪淘盡、千古風流人物。故壘西邊，人道是，三國周郎赤壁。亂石崩雲，驚濤裂岸，捲起千堆雪。江山如畫，一時多少豪傑。

遙想公瑾當年，小喬初嫁了，雄姿英發。羽扇綸巾，談笑間、檣櫓灰飛煙滅。故國神遊，多情應笑我、早生華髮。人間如夢，一樽還酹江月。

——〈念奴嬌．赤壁懷古〉

我們看到了滾滾大江向東流的壯闊場景，沿岸皆是氣勢壯闊的巨大亂石，大江不斷拍打著岸邊，捲起了千堆如雪的白色浪潮。

從陡峭的赤壁邊，有個男子的身影緩緩出現，是年輕又帥氣的三國人物周瑜。周瑜既有美女相伴，又在戰場上無往不利，談笑間就輕易地消滅敵人。

然而，蘇軾為什麼要遙想三國時代歷史人物周瑜呢？一方面是因為空間的連結，也藉由書寫周瑜對照自己遭遇的感慨。蘇軾被貶謫到黃州時已經年屆五十歲，但周瑜正值青壯年就已經功成名就，在赤壁之戰取得勝利，又抱得美人歸，而已經中年的蘇軾，卻落得貶謫黃州的悽慘下場。

簡單來說，其實是一個中年悲慘大叔看到赤壁，想起年輕又帥氣的小夥子周瑜曾在赤壁英姿煥發地指揮大軍作戰，不禁悲從中來，忍不住想要哭么一下。後來發現自己想太多，內心小劇場有點多，只好自嘲地說：「多情應笑我、早生華髮。」

哀！東坡，何必想那麼多呢？你早已經滿頭白髮了。

最後兩句「人間如夢，一樽還酹江月。」表示蘇軾嘗試化解自己的憂愁，努力把惆悵撒向江水中。詞作描繪的空間相較於前人都開闊許多，不再局限於狹小的樓閣、庭院，而是拓展到氣勢壯闊的山河景色。

逆境中的曠達瀟灑

不論古今，老到八、九十歲的爺爺奶奶，小到吃糖的孩童，幾乎都認識蘇軾，許多人也深深喜愛蘇軾的為人和作品，因為他在困境中，依舊活得自在曠達，他的詞作中有許多看透人間無常的達觀之作。

而千年以後，美麗的歌手鄧麗君、王菲甚至翻唱過他的歌詞。

丙辰中秋，歡飲達旦，大醉，作此篇，兼懷子由。

明月幾時有？把酒問青天。不知天上宮闕，今夕是何年？我欲乘風歸去，又恐瓊樓玉宇，高處不勝寒。起舞弄清影，何似在人間？

轉朱閣，低綺戶，照無眠。不應有恨，何事長向別時圓？人有悲歡離合，月有陰晴圓缺，此事古難全。但願人長久，千里共嬋娟。

——〈水調歌頭〉

蘇軾一生寫給弟弟蘇轍的作品在他的創作中占有很大的比例，他其實是個「弟寶」，寫給弟弟的作品都特別感人。

丙辰年的中秋佳節，蘇軾因為思念弟弟，所以將這首作品寄給他。

在該與親友團圓的中秋佳節裡，蘇軾拿起酒杯問青天，不知天上的宮殿現在是何年，和人間紀年方式一樣嗎？想要乘風離去上青天，又擔心耐不住高處的寂寞寒冷，只能在月宮上起舞，這樣的生活哪裡像在人間？

凡人對於天上的宮闕心生嚮往，當神仙可以免去在人世間的興衰和情執，享有出世的逍遙快活。然而，蘇軾卻對天上宮闕享有的超凡出世，起了懷疑之心，這樣的清冷孤絕是我輩可以享有的嗎？也許紅塵的無常和哀愁令人痛苦，當一盞盞燈火點上，這樣普通又溫暖的萬家燈火，何嘗不是做為平凡人的快樂？蘇軾歷經人世漂泊的苦痛，還是以入世的心看待凡塵，眷戀著當一個凡人的單純和快樂。

月亮不會永遠都是圓滿的，何況是人間的事。人間有悲歡離合，難以真正的圓滿，蘇軾最後安慰自己跟弟弟，雖然兩人分隔兩地，無法相聚，但至少能抬頭看著一樣的月亮。他以這首詞作撫慰自己的痛苦，還有放下世間的無常。

除了〈水調歌頭〉可以代表蘇軾曠達詞風，我最喜歡的東坡詞是〈定風波〉：

莫聽穿林打葉聲，何妨吟嘯且徐行。竹杖芒鞋輕勝馬，誰怕？一蓑煙雨任平生。

料峭春風吹酒醒，微冷，山頭斜照卻相迎。回首向來蕭瑟處，歸去，也無風雨也無晴。

不管前方有多大的風雨，就算只憑藉竹杖芒鞋向前行，蘇軾沒有任何畏懼，只顧勇敢地邁步前進。回首看過去那些不堪的痛苦，也無風雨也無晴，無所謂的憂傷快樂，苦樂都只是人生的一個過程。每每讀到「回首向來蕭瑟處，歸去，也無風雨也無晴。」我都會為之動容，既敬佩蘇軾看淡悲歡離合的智慧，又疼惜他在眾多苦難中磨練自我。

人世間其實一點也不美麗，有太多不堪的苦痛和無常。蘇軾在仕途中受盡傷害、遍體鱗傷，彷彿被整個世界背叛、拋棄，但是他最終沒有選擇隱世。流轉為官的歲月多麼寂寞無奈，他始終熱愛生命、享受做為一個凡人的平淡。

哭夭是眞理，能不能歌唱無所謂

蘇軾詞風豪曠灑脫，但文壇一姐李清照卻曾評論：「至晏元獻、歐陽永叔、蘇子瞻，學際天人，作為小歌詞，直如酌蠡水於大海，然皆句讀不葺之詩爾。」意思是說蘇軾學問好，但是他的歌詞不合乎音樂性。

李清照的批評源自於蘇軾的詞創作時常不合乎詞譜，他為了表達情感，抒發自己對自然萬物、人生仕途的看法，所以並不特別著重詞是不是合乎詞譜，能抒發情感才是真理，唱歌並不是目的。

東坡詞其實有很多是較為清麗柔雅的作品，但還有部分詞作超越詞譜格律，描繪的空間格局開闊，抒發曠達超脫之情，這些作品反而是後人最有印象的佳作。

也許你會問：「不合於詞譜，算什麼詞？」畢竟詞的用途是拿來歌唱，但是對蘇軾而言，他可能根本不在意自己的詞作是否被當代人拿來歌唱。天才往往不是順從時代的要求，才能在創作上自成一格；蘇軾的詞作在北宋被評價為不適於歌唱，但是當時的人不知道，他的作品格局早已超越北宋的格律限制，還讓後代人們配合東坡詞重譜格律。

蘇軾以詞書寫曠達的情感，也替北宋詞風開拓出豪放的路線，讓詞的風格走向更為開闊壯麗的一面，開創了詞的新氣象。

小結

二十多歲考上科舉，蘇軾以為即將要踏上平步青雲之路，沒想到進入仕途後遭遇黨爭導致官運不如意，外放到各地之後，只能用詞抒發內心的辛酸，記錄自己的坎坷歲月。

蘇軾，在中國詞史發展上有著獨一無二的地位。他的詞作不同於一般文人柔弱的愛情詞風，也不囿於那個抒情老傳統，把對於生命的感悟和理解化成歌詞，書寫自己的生活態度，數立了獨樹一格的詞風，對於北宋的詞史有重大的革新意義，而蘇軾詞作也流傳至今，不斷被重新配樂。

在一個時代裡，有些人活出自我，也有些人開創了屬於自我的時代。這位北宋文學界最為狂傲的天才，可說是中國詞史的璀璨巨星。

第5章

絕對音感的完美主義者——周邦彥

宋徽宗
李師師
周邦彥

官場浮沉本是空

三國時期的吳國才子周瑜號稱「絕對音感」，據說音樂會上若有人彈錯音階，他會轉頭向樂師翻白眼，這就是所謂「周郎顧曲」。周瑜精通音樂，曲子稍微彈錯他都能聽出，而北宋詞人周邦彥也是絕對音感，他非常善於音樂，光靠聽覺就知道音樂的曲調和高低，專長是寫詞、寫曲，如果身在現代應該可以成為年收入超高的詞曲創作人，同時當大牌歌手的御用創作者，影響流行音樂的趨勢。

周邦彥是北宋末年的詞壇大匠，此外人還長得帥，他年輕的時候愛好讀書、博覽百家，不過個性隨興瀟灑、浪漫不拘，講難聽一點就是做事隨便、風流成性，在鄉里間風評不是太好。

年少的時候他曾沿江西上，客遊荊州，到處玩耍，後來來到汴京遊歷，並在太學讀書，也就是現在的國立大學學生。

神宗時期，重用王安石推動新法，周邦彥懂得「識時務者為俊傑」的道理，老闆說的話永遠是真理，只要點頭猛誇耀就對了，他成功掌握職場升遷法則，寫了篇〈汴都賦〉大力讚賞新法。

這篇文章是洋洋灑灑的長文，淨用些生僻字詞寫作，宋神宗連大字都看不懂，問了身旁有學問的大臣，結果大臣也看不太懂，只能有邊讀邊，沒邊讀中間，假裝自己好像都明白。從這一點我們可以看出周邦彥年輕的時候是很想出風頭的，喜歡做些標新立異的事吸引他人注意，藉以提高自己的知名度；他靠著寫難讀的文字，加上政治正確，成功地博得知名度。

對周邦彥來說，別人能不能看懂文章一點都不重要，看不懂的話反而凸顯自己很有學問，而且神宗只希望人家誇他英明神武，皇帝看到這篇文章非常開心，提拔了當時還在太學中學習的周邦彥，直接將他拔擢為大學正。

寫對作品、拍對馬屁，讓周邦彥從坐在台下的學生直升為台上的老師，文章也廣為流傳，迅速在文壇暴紅，一時之間成為京城最夯的人物。

但是掌聲來得快，消失得也快，享受過一夕暴紅的滋味，周邦彥馬上就跌落神壇。後來神宗過世，哲宗即位初期，由於哲宗年紀小，高太后垂簾聽政，守舊派的高太后一上任就盡廢新法，周邦彥從前為了拍馬屁寫的〈汴都賦〉被認為是新黨派主張而失靈了，因此被趕到鄉下鳥地方教書。

世事如浮雲，總是變化莫測，同樣一篇〈汴都賦〉在神宗時期被捧上天，高太后聽政時期被當作屁。不過，周邦彥雖然在仕途中遭遇不幸，但是他的詞卻越寫越好，而且傳到各地，深受歌妓的喜愛。

等到哲宗親政，重新恢復新法，周邦彥又被召喚回京。周邦彥的仕途和新舊黨哪一方主政息息相關，新黨主政他就被召回去，舊黨主政他就被當成落水狗一樣人人喊打，身不由己。他在回京的路上寫了〈渡江雲〉一詞，內容充斥慨嘆，可以看出他不再是當年那個玩世不恭、愛出風頭的屁孩。

〈渡江雲〉是關於他官海浮沉的寫照：

晴嵐低楚甸，暖回雁翼，陣勢起平沙。驟驚春在眼，借問何時，委曲到山家。塗香暈色，盛粉飾、爭作妍華。千萬絲、陌頭楊柳，漸漸可藏鴉。

堪嗟。清江東注，畫舸西流，指長安日下。愁宴闌、風翻旗尾，潮濺烏紗。今宵正對初弦月，傍水驛、深艤蒹葭。沉恨處，時時自剔燈花。

周邦彥在神宗時期因為新法升了官，在哲宗時期接連外放又回京，仕途如同洗三溫暖一般。這首詞的上半片書寫春天的景色，晴天的霧氣籠罩楚地曠野，回暖後大雁也振起翅膀從沙地上騰空而起，才驚知春天已經來臨，什麼時候春氣也會到深山呢？處處皆是花朵，道旁的楊柳樹長滿細細枝條遮掩了烏鴉。春景在周邦彥的筆下充滿生機、典雅可愛。然而，下半片卻藉景抒發愁緒，感嘆清江不斷向東流注，船向著汴京的方向前進，潮水濺著烏紗帽，愁怨卻無法消除，只能在燈下把燃盡的燈花剔除，想排遣孤寂哀愁的時候，不知不覺重複單調的動作而不自知。

〈渡江雲〉一詞是周邦彥被召回京所寫，此時他理應要感到開心才對，但是詞中提到潮水濺灑烏紗帽，在船上的他卻感到充滿愁緒。面對仕途的浮沉沉，召回京後也不知道是福還是禍，他彷彿對於未來有所覺悟。人們說周邦彥早年疏狂，後來呆若木雞，中年非常謹慎木訥，周邦彥聽到別人說他是木雞時，還會哈哈大笑，開心地說：「這樣就不會有人來迫害我了！」可知他真的是被官場的暗黑人性嚇到了，於是不像早期一樣拍馬屁、力爭上游，也不再做些炫才的事搶占紅人榜，體會到仕途本身就是一場空。

大膽！敢和皇帝搶女人

詞人大多喜歡泡妞，出入風花雪月的場所，美男子周邦彥也不例外。

當時京城有個火紅名妓李師師，長得美若天仙，一出場美貌就震懾四方！她的歌聲清脆動人，句句唱進心坎裡，加上精通琴棋書畫，不是空有美貌的花瓶，因此富家公子個個都想見李師師一面，周邦彥和她也有著很深的交情。

不只周邦彥和李師師來往密切，當朝皇帝也喜歡美女。宋徽宗是歷史上有名的藝術家，善於書法和繪畫，相傳他相當喜愛李師師，時常給予她各種賞賜，甚至修建一條暗道，可以直通李師師的住宅附近。

《貴耳集》裡有一個有趣的故事。有天，周邦彥跟李師師正在青樓談天說唱，空氣中充滿了粉紅色泡泡，沒想到正濃情蜜意時，外面有人急忙來敲房門說：「宋徽宗大駕光臨！」令周邦彥嚇了一大跳！和皇帝搶女人是大事，加上親眼目睹皇帝上妓院，這下肯定得罪徽宗，於是他趕緊連滾帶爬地躲到床底下。

徽宗笑盈盈地走進房內，還帶來江南新進貢的橙子，讓李師師切開來嚐，然後二人又講了些情侶間調笑戲弄的言語，相傳周邦彥在床下聽到他們的對話，寫了首〈少年遊〉：

并刀如水，吳鹽勝雪，纖手破新橙。錦幄初溫，獸煙不斷，相對坐調笙。
低聲問：向誰行宿？城上已三更。馬滑霜濃，不如休去，直是少人行！

詞中提到并州所產的刀光潔如水，說明刀子俐落鋒刃；吳地產的鹽比雪還白，女子用纖纖玉手持刀劃破橙子，並撒上鹽。帳幄剛躺暖，房內點燃的香煙不斷，男女坐在床上調笙（樂器名稱）。這幅畫面將男女之情描寫得引人遐想，讓人恨不得想窺看他們下一步動作。

女子接著問：「你今晚要住哪呢？」她丟出了暗示性的問題，記得談戀愛的時候千萬別太直接表達愛意，有時候愛情越模糊越美麗。

「現在已經半夜，路上積霜，路上交通太危險。」這是關心對方的語氣，但至此女子都尚未說出真實目的。

「不如別離開啦！街上連個人影都沒有了！」最後才直接表明希望對方留下過夜。

作品裡沒有描寫男子的回應，也沒有交代兩人接下來的行為，他們點到為止、欲言又止的情慾，留給讀者無限的想像。若女人要學習如何撩撥男人，這首詞堪稱典範；若男人愛好觀看含蓄的言情片，相信從這首詞中也可以得到滿足。周邦彥的豔情詞，可以說是男女進修愛情學分的指南。

周邦彥的〈少年遊〉寫完後，李師師便拿來歌唱，充滿情慾的歌詞、動人的音樂、搭配曼妙的歌喉，沒多久就傳回了徽宗的耳朵裡。

雖然歌詞中沒有明指是當朝皇帝上妓院，但徽宗一聽就知道講的是自己的風流事蹟，可想而知，周邦彥當天一定在房內偷聽他跟師師的調情對話。

皇帝上妓院成了京城頭條，這件事還被到處傳唱，讓徽宗忍不住火冒三丈，氣憤地下令要把周邦彥趕出京城，李師師只好含淚送別周邦彥。

李師師牽著他的衣角，心中有萬分不捨。周邦彥也難過地看著她，臨行前還寫了首〈蘭陵王．柳〉來傳達離情依依的思緒。

柳陰直。煙裏絲絲弄碧。隋堤上、曾見幾番，拂水飄綿送行色。登臨望故國。誰識。京華倦客。長亭路，年去歲來，應折柔條過千尺。

閒尋舊蹤跡。又酒趁哀弦，燈照離席。梨花榆火催寒食。愁一箭風快，半篙波暖，回頭迢遞便數驛。望人在天北。

悽惻。恨堆積。漸別浦縈迴，津堠岑寂。斜陽冉冉春無極。念月榭攜手，露橋聞笛。沈思前事，似夢裏，淚暗滴。

古代有折柳送別的習俗，柳的諧音接近「留」，委婉傳遞了希望對方留下的心意。亦有一說，是祝福遠行的人能像楊柳隨風飛揚的生命力，在異地隨遇而安。

在古詩詞中常常可以見到漫天柳絮隨風飄揚的離別場景，詞作一開頭就出現楊柳紛飛的送別畫面，「年去歲來，應折柔條過千尺。」古往今來，那條條被人們折斷用來贈別的柳枝，加起來應當超過千尺了吧？詞中道出了世間離苦不斷的無奈。

接著敘述船駛離的過程，一回頭已經過了好幾個驛站，來送別的友人已在天涯的另一端，他們的身影漸漸在眼前模糊。最後抒發自己的哀愁，離岸後，回想從前的事情好像作了一場夢。

李師師將這首〈蘭陵王．柳〉唱給徽宗聽，徽宗聽完十分感動。徽宗本身很有藝術涵養，對於周邦彥的才華相當肯定，加上李師師聲淚俱下地求情，讓徽宗於心不忍，決定放周邦彥一馬。後來周邦彥被徽宗指定擔任徽猷閣待制，提舉大晟府，被任命的工作是審訂古調，並創設音律，講白一點就是官方音樂的主掌者，號稱國家音樂的教父。

以上這段徽宗、周邦彥、李師師的三角戀見於野史。李師師的生平不詳，但確實是北宋時的名妓，受到徽宗的傾慕也有可能，至於他們之間的三角戀應該不是史實，周邦彥即使有才氣，要跟皇帝搶名妓還是不太可能的事。

歷史上，周邦彥不一定和徽宗搶女人，但在徽宗時期位居國家音樂教父寶座是事實，他的仕途前期受困於新舊黨爭，但相對其他倒楣鬼詞人來說，至少中晚年得以在朝廷發揮所長，以才氣橫掃了北宋的流行音樂圈。

會作詞也會作曲，完美主義的音樂鬼才

周邦彥因為精通音律，對於詞的格式和入樂特別講究，已經到了非常龜毛、精細的地步。他要求字詞、在乎結構、注重合音，因此被稱為詞家正宗。他寫歌詞精雕細琢，研音鍊字，文詞清麗，且在審訂詞調方面做了不少縝密的整理工作，不斷擴展音樂領域，在填詞技巧上也有許多創舉。

他對創作的堅持和蘇軾完全相反，蘇軾寫詞不太在乎音樂性，以書寫自己內心想要表達的看法為重，這對絕對音感的周邦彥而言是難以忍受的，所以他的詞總能合乎音節性。

精通音樂的周邦彥除了填詞，更能寫曲，說他是宋代最強詞曲創作者一點也不為過！大多數的詞人只能依照詞譜的格律來寫詞，而周邦彥卻能自創

新曲，他的代表曲作是〈六醜〉，〈六醜〉一詞牌換了六調，音調變化大，極其難唱。據說高陽氏有子六人，有才華但容貌醜陋，周邦彥將詞牌曲作〈六醜〉，是因為他認為此曲難唱，一般人不容易唱，但唱起來卻非常動聽，所以命名為〈六醜〉。

周邦彥寫的這首曲子，要低音、高音兼擅長的歌手才能掌握，是非常難唱卻美妙的曲子，來看看這首〈六醜．薔薇謝後作〉：

正單衣試酒，悵客裏光陰虛擲。願春暫留，春歸如過翼，一去無跡。為問花何在？夜來風雨，葬楚宮傾國。釵鈿墮處遺香澤，亂點桃蹊，輕翻柳陌。多情為誰追惜？但蜂媒蝶使，時叩窗隔。

東園岑寂，漸蒙籠暗碧。靜繞珍叢底、成嘆息。長條故惹行客。似牽衣待話，別情無極。殘英小，強簪巾幘，終不似一朵、釵頭顫裊，向人欹側。

這是標準的憂鬱厭世詞，字詞雕琢，讓人看得一頭霧水。周邦彥的詞作架構和用詞遣字都較為精細鋪排，春末的薔薇凋零，主角獨自一人問著：「花還健在嗎？」傷春、傷落花也感傷自己的青春消逝，詞人的心敏感纖細，情感淒涼又哀傷。接著只見薔薇伸出長枝條，勾著行人的衣服，彷彿牽著衣襟，希望行人別離開，還寫到一朵殘花落在頭巾上勉強簪起，都是凋零破敗的畫面。用薔薇的衰殘書寫時光流逝和別離，情感刻劃細膩。

周邦彥的詞非常喜歡鋪排詞彙，還常常把一些難唱的曲調結合在一起，給人不太自然的感覺，比較像是經過精細的安排和思索。我們現在當紅的歌曲大多是通俗的芭樂歌，歌詞一定要淺顯易懂，而且越生活化越好，但周邦彥的歌曲卻很有個人的風格，讓人一聽就知道這是他的創作。

小結

在詞曲創作上，周邦彥開創了自己的特色。他生活的年代剛好是北宋末年，當他過世幾年後北宋就宣告滅亡，沒有歷經太過沉重的家國之痛，也沒有大胸懷的抒發，比較偏向精美豔麗的詞風，但他的婉約詞風一直影響至南宋詞人。大體而言，南宋的詞人多重視格律、較為唯美、詞藻華麗，然而這樣的特色，周邦彥筆下就已呈現，可見他在詞壇的影響力非常大。

花美男周邦彥年輕時風度翩翩、瀟灑又帥氣，精通詞曲創作，擁有超強的絕對音感，堪稱少女殺手。雖然年輕時仕途不順，只能做地方小官，但是在徽宗時期官至國家音樂教主，而他過世沒多久，北宋的徽宗、欽宗就被金人所擄，避開了宋代最混亂的時局，也沒有機會感悟到家國之辱的痛苦。

也許周邦彥覺得自己一生懷才不遇、仕途不幸，其實相對其他衰到爆的詞人而言，算是十分幸運了。他的創作時代剛好在北宋、南宋的交界，深深影響後來的南宋詞人，是一位承先啟後的詞壇 BOSS。

攤開國文課本裡一篇篇的古文名作，幾乎沒有什麼女性作家的作品，唯

第6章

悽悽慘慘戚戚，遭遇國破、喪夫、家暴的國民才女——李清照

李清照
酒

攤開國文課本裡一篇篇的古文名作，幾乎沒有什麼女性作家的作品，唯有一位古代女性在國文課本裡占有極高的存在感，她就是國民才女——李清照。「不對！我心中的國民才女是ＩＵ和馥甄！」我知道你想這麼回答我，那絕對是因為你根本還不懂李清照的美好。

每個人心中的模範女神特質都不一樣，有人喜歡天真可愛、傻白甜正妹，也有人偏愛知性氣質、澹泊平靜的女性，至於我個人喜歡有點大剌剌，帶點男孩子氣的勇敢女生。

然而，李清照一個人就兼具了活潑天真、知性氣質、瀟灑豪爽等魅力，更為難得的是她還極具有才華，絕對是一位千古難逢的傳奇女子！

傻白甜的活潑少女

李清照出生在豪門家庭，父親李格非是進士出身，又是蘇軾的門生；母親王氏是狀元的孫女。生長在富貴的書香世家中，她的身分就是名媛，可以上街shopping、打場麻將、做個臉、吃吃下午茶，擁有良好的社交圈，舉手投足都是貴婦圈的焦點。但名媛只關注外貌是不夠的，她從小就飽讀詩書，受到良好的教育薰陶，內外兼修，享受著無憂無慮的青春。

在〈點絳唇〉的詞句中就可見她清純可愛的模樣：

蹴罷鞦韆，起來慵整纖纖手。露濃花瘦，薄汗輕衣透。
見客入來，襪剗金釵溜。和羞走，倚門回首，卻把青梅嗅。

李清照盪完了鞦韆，站起來整理纖細雙手，因為剛從鞦韆下來，薄汗浸濕她的衣裳，寫出了她天真愛玩的模樣。後來她見到客人來訪，鞋子都還沒穿上，穿著襪子害羞地想溜走，連頭上的金釵都不小心掉落，但是又忍不住回頭嗅青梅，實際上是想偷看客人的樣子。這種想看男子又不敢看的心態描摹得真好，畢竟人家還只是嬌羞的小女孩。就像國中女生想偷看隔壁班喜歡的男生，又很怕被對方發現，只好三不五時路過隔壁班的走廊，再偷偷把目光轉向對方的教室。

除了害羞可人的樣貌，她還有調皮活潑的一面。

常記溪亭日暮，沉醉不知歸路。興盡晚回舟，誤入藕花深處。爭渡，爭渡，驚起一灘鷗鷺。

——〈如夢令〉

在黃昏時，夕陽照耀著水面，人在船上划船，李清照卻喝醉了酒不知回家的路途，不小心還划進了蓮花叢中，看看她是多麼ㄎㄧㄤ又可愛。

此時正是太陽西落的時候，美麗的晚霞照在水面，水中開滿了美麗的荷花，多麼美麗的景色。船上的李清照和貴婦圈好友們居然還喝醉了，找不到回家的路途。

爲愛甘於平淡

李清照的少女時期多采多姿，正處芳齡的她對於美好戀情有著無限的遐想，後來她也擁有一段浪漫的婚姻，在十八歲時嫁給丈夫趙明誠。

趙明誠當年才二十一歲，還是太學生，身上沒什麼錢，但是他的父親趙挺之是右宰相，趙李兩家都是豪門大家。除了家世匹配外，夫妻之間最重要的是有話題聊，有共同的興趣絕對有助於維繫感情，李清照和趙明誠是古代文青，對於詩詞創作和文創小物有很大的興趣，所以他們一起寫作、一起暢談文學，以及蒐集金石古玩，把玩古董書法，擁有美好的新婚生活。此外，兩人還會在採購碑文後去買水果，在回家的路上邊嗑水果，邊享受大採購的快樂。

除了讀書之外，喜歡蒐集金石古玩的李清照夫婦時常去買書法碑文、古董。當時的趙明誠尚未當官，常常想買什麼就買什麼，也不管標價，有錢就是這麼任性，誰叫李清照是貴婦，後來兩人還時常典當衣服首飾來買碑文，這叫富豪小夫妻的浪漫。

但就現實層面而言，兩家其實就是政治聯姻，趙李兩家都是當時的豪門家族，你家有錢、我家也有錢，結婚後兩家結合更有權勢。不過侯門深似海，這樣的家族自然容易有政治上的權力鬥爭。

宋代有新舊黨爭，世間就是有這麼巧的事情，趙明誠的父親是擁護王安石的變法派，李清照的父親是保守派，在朝廷中新舊黨爭愈演愈烈，趙李兩家也相繼被捲入。父親李格非被新黨打擊，李清照曾經向公公趙挺之求情，希望可以讓父親安度晚年，但並未得到趙挺之的同意，李格非遭到了罷官。一邊是娘家，一邊是夫家，這對李清照而言真是左右為難。

李格非遭到罷官之後，趙挺之靠著打擊異己在同一年連連升官。但是步步高升的趙挺之得罪了不少人，後來在黨爭中敗北，還遭到了罷相，不久病死於汴京，而趙家的勢力算是倒台了。

在政治圈，黨爭互鬥不斷，得勢的一方即使短暫得勢，也很容易因為權力轉移而失去政治舞台，所以做人真的是要謹記「囂張沒有落魄久」啊！

趙挺之被扳倒後，丞相之位還遭到罷免，五天後就黯然去世。李清照夫婦離開汴京回到青州老家居住，遠離政治鬥爭。李清照還為自己取了一個名號為「易安居士」，「易安」二字表明李清照內心渴望歲月靜好的生活。可見李清照雖然貴為名媛，但是也可以為了愛什麼都不要！她要的不是朝廷中的權力，也不是家族的平步青雲，只想平淡安穩地和愛人過日子，這麼好的女生，你能不愛她嗎？

李清照夫婦在青州度過了十多年的生活，享受屬於夫妻二人的靜好時光。除了一起蒐集金石，李清照和趙明誠常常賭茶，比賽誰記得詩詞中的某個句子在書本的哪一頁，李清照聰明絕頂，常常贏過趙明誠，比贏後還會忍不住手舞足蹈，一不小心就打翻茶水，潑在丈夫身上。這些生活中的點點滴滴，是屬於他們夫妻共同的情趣。

夫妻兩人感情深厚，但趙明誠常常在外為官，因此李清照寫下不少獨守空閨的愛情金句，道出內心的思念。

紅藕香殘玉簟秋。輕解羅裳，獨上蘭舟。雲中誰寄錦書來，雁字回時，月滿西樓。

花自飄零水自流。一種相思，兩處閒愁。此情無計可消除，才下眉頭，卻上心頭。

——〈一剪梅〉

上片寫蓮花漸漸凋零的秋季，解下夏季穿的羅衣，獨自登上小船。透過花衰頹的秋季烘托出一種孤寂的傷感。人可託雁傳遞書信，抬頭看著鴻雁飛過，心裡期盼著愛人寄來的音訊。

至於下半片是李清照筆下的經典名句，有情人兩地分離，但對彼此的相思之情是一致的，所以說「一種相思，兩處閒愁。」而「此情無計可消除，才下眉頭，卻上心頭。」指相思之情才稍微緩解，卻馬上又湧上心頭。

每次讀到這首作品，都忍不住讚嘆李清照將「思念」描寫得真好，還會讓我想起一首現代歌。

思念是一種很玄的東西　如影隨行
無聲又無息出沒在心底　轉眼　吞沒我在寂寞裡

——姚謙〈我願意〉

從古至今，思念不都是如此嗎？悄悄地在心中浮現，並埋藏於深處，難以再褪去。

再看李清照另外一首點讚率極高的愛情語錄，同樣刻劃丈夫在外，她內心深深的孤寂。

薄霧濃雲愁永晝，瑞腦消金獸。佳節又重陽，玉枕紗櫥，半夜涼初透。
東籬把酒黃昏後，有暗香盈袖。莫道不銷魂，簾卷西風，人比黃花瘦。

——〈醉花蔭〉

寫的背景是在重陽節，面對這樣的佳節，李清照卻一人獨守空閨，半夜感到秋氣寒冷，陣陣涼意穿透全身，難以入睡。她對著菊花喝酒，當西風捲起簾子，自己的單薄身形比秋風下的菊花更顯消殘。我們彷彿見到李清照瘦削的身體和愁苦的面容，對著菊花孤單地嘆氣喝酒，透露她的哀愁和寂寞。

大剌剌的直爽可愛

我們心中的李清照形象，是溫柔哀愁的，但李清照是千古奇女子，也有大剌剌的一面；像是她十分喜歡賭博，曾說過：「予性喜博，凡所謂博者皆耽之，晝夜每忘寢食。但平生隨多寡未嘗不進者何？精而已。」賭博可以賭到廢寢忘食，而且幾乎不太會輸，原因就在於她精通賭博這項遊戲。

至於她最喜歡的賭博項目是打馬，有人推測打馬跟現在的麻將有點類似，李清照對打馬十分熱衷，甚至寫過〈打馬賦〉來大力推崇這個遊戲，所以她絕對不是大家想像中那種安安靜靜的文藝美少女。

除了喜歡賭博，在青州期間，李清照還寫過一篇評論文壇詞人的文章〈詞論〉，這篇文章當時引起熱烈的轉發率，因為她幾乎把眾多知名的北宋大咖詞人都罵了一輪，也直接地指出了他們的缺點。她指出柳永的作品「詞語塵下」，就是柳永的詞彙太低俗，並批評歐陽脩、晏殊、蘇軾的詞根本不能唱。

這些文人都是當時文藝圈赫赫有名的大叔，特別是歐陽脩已經位居文壇大老，李清照居然一一點名他們的優缺點，等於是挑戰文壇大老們的地位，這篇文章一夕爆紅，分享率暴衝，也讓李清照的聲名大噪。

從她喜歡和丈夫賭茶、愛賭博，又敢直指文壇大咖的寫作缺點，誰都看得出李清照絕非一般的弱女子，她有獨特的思想和品味，而且不畏懼封建禮教制度對女子的束縛，勇於表現自己的想法。

面對生離死別又遇上渣男

第一才女李清照，她溫柔可愛，又瀟灑率真，但或許是她太美好了，才得要歷經生命巨大的折磨，讓她成為後代人人心疼憐愛的國民才女。

公元一一二七年，發生靖康之變，戰火熊熊點燃，四處兵荒馬亂，金兵大舉南侵大宋，後來攻陷了李清照隱居的青州。當時趙明誠在江寧任官，李清照寫信詢問丈夫有哪些重要物品該帶走，他回信：「必不得已，先棄輜重，次衣被，次書冊捲軸，次古器，獨所謂宗器者，可自負抱，與身俱存亡，勿忘之。」一直白地說：最不重要的是錢，其次是衣服，再其次是書冊跟古器，至於宗器則不可離身，要與生命相依。

這些金石古玩是他們最珍貴的收藏，也是他們過往最重要的回憶。但沒想到，幾年後趙明誠在赴任湖州的路上生了一場重病，最終一病不起。丈夫的去世對李清照而言仍然是一個巨大的打擊。失去丈夫的她，少了一個安定的家，金兵的侵略更加肆虐，隨著首都汴京被攻破，她只能到處漂泊流浪。

趙明誠過世後，李清照帶著眾多的金石、古玩上路，但金石古玩平常可以當寶貝收藏，逃難時就成為了累贅，李清照不但要顧好自己的性命，還要保護這些金石古玩，有不少古玩在路上散失，她依舊帶著這些收藏東躲西逃。

何必如此保護這些金石呢？因為她想保護的不只是文物，而是她和丈夫一步步建立起來的情意。

她在戰火中，只能從一個地方，又趕緊在危急之中逃亡到下一個可以避難的地方。在最孤單無助的時期，一個自稱趙明誠同學的男人張汝舟，對她百般溫柔獻殷勤，用花言巧語取得她的信任。

李清照當時孤身一人又重病纏身，生活無依無靠，於是年屆五十時再嫁給張汝舟。沒想到張汝舟其實是為了那些古董才特意接近李清照，婚後強迫她交出身上的金石古玩，她當然不願意，因而時常被張汝舟毒打。

此時，李清照看清了張汝舟的真面目，個性倔強的她遇到有暴力傾向的渣男，絕對誓死都要離婚！但是張汝舟不願意，李清照只好告到法庭打離婚官司，以張汝舟早年曾經科考作弊為由提告。欺騙國君是重罪，只要張汝舟被關入獄，李清照就能夠脫離他的魔掌，但是在宋代，如果妻子一狀告上夫君，無論是非對錯，妻子都要入獄幾年。李清照已下定決心死都要離開張汝舟，寧願被打進監獄。所幸朝中有人援助，她才免於牢獄之災，這件事情當時可說是轟動一時，上了各大娛樂版頭條。

因為在古代社會，對於一個女子而言，離婚是非常丟臉的事，何況還是再嫁；這場婚姻維持時間只有三個月左右，李清照又是當時非常出名的一姐，文壇大咖和她的親友們都不免嘲笑她，一時之間，也引起整個社會的輿論沸騰。

當時的人們對遭受家暴的李清照並沒有同理心，只有無情的嘲弄，在這些重重打擊之下，帶來莫大的心理創傷，卻也讓李清照的創作功力達到文學顛峰。

悽悽慘慘戚戚的控訴

面對國破家亡，李清照為了控訴心中的傷悲，拚了命地發抱怨文，每篇都是沉痛的哀戚之作，讓我們來看看膾炙人口的〈聲聲慢〉：

尋尋覓覓，冷冷清清，悽悽慘慘戚戚。乍暖還寒時候，最難將息。三杯兩盞淡酒，怎敵他、晚來風急？雁過也，正傷心，卻是舊時相識。

滿地黃花堆積。憔悴損，如今有誰堪摘？守著窗兒，獨自怎生得黑？梧桐更兼細雨，到黃昏、點點滴滴。這次第，怎一個愁字了得！

這首推估是李清照晚期歷經國破家亡和喪夫的苦痛所寫下的作品。「尋尋覓覓，冷冷清清，悽悽慘慘戚戚。」開頭以七組疊字詞彙寫出內心的淒涼，乍暖還寒的天氣最難停息憂傷，想喝幾杯小酒消除煩悶，但是晚來風急的天氣令人覺得苦悶。人在悲痛的時候，對於天氣特別敏感，就好比陶晶瑩唱過的〈天空不要為我掉眼淚〉：「天空不要為我掉眼淚，我的感覺太多，要好好準備。」羅美玲的〈愛一直閃亮〉：「你不在的天氣裝了開關，碰到天亮就黑暗。」實際上，天空不會為人掉眼淚，天氣也不會有開關，都是人們把自己的心情投射在天氣上。雁飛過去，代表秋季過去，過了一年又一年，憂愁卻沒有減少。滿地的黃花堆積得到處都是，窗外是一片闃黑，梧桐樹下的細雨點點滴滴到天明，這樣的景色，不是一個「愁」字可以說明的。

李清照的抱怨文中除了滿滿的愁緒，也可見國破家亡的哀痛。例如〈永遇樂〉：

落日熔金，暮雲合璧，人在何處。染柳煙濃，吹梅笛怨，春意知幾許。元宵佳節，融和天氣，次第豈無風雨。來相召、香車寶馬，謝他酒朋詩侶。

中州盛日，閨門多暇，記得偏重三五。鋪翠冠兒，撚金雪柳，簇帶爭濟楚。如今憔悴，風鬟霜鬢，怕見夜間出去。不如向、簾兒底下，聽人笑語。

她描寫現今在南宋首都臨安過元宵的淒涼，對照從前在北宋首都汴京過節的歡愉，以此抒發追念北宋故國的情懷。上半片書寫美麗的落日之景，傍晚的雲彩如同璧玉，這樣的美景卻讓人思索身在何處？李清照對自身的飄零感到無所歸從。〈梅花落〉的笛音中傳出聲聲淒怨，元宵佳節的好天氣怎麼知道不會有風雨呢？明明是風光明媚的春日笛聲，但在李清照的心中，只能感受到哀愁，即使是好朋友邀請她參加元宵佳節的活動，也沒有過節的興致，只能委婉地推辭。

詞人回想起往昔北宋汴京的元宵盛況，當年她出遊時打扮得光鮮明媚，如今自己卻顯得憔悴不堪，怕夜間出去讓人看到自己的枯槁樣貌，不如躲在簾子底下，聽聽他人的笑語。

不知道你是不是也有無法跟他人共享快樂的感覺？有時候在過於喧譁歡樂的場景，只會顯出自己的孤寂和悲哀，像是情人節時任何一個華麗的布景，或是街上情侶的歡笑聲，這一幕幕畫面，都像在單身的人身上扎了一根刺。李清照在這首詞中就充分顯現了想要逃避熱鬧的孤憐心態，也表現出她對於北宋故土的思念。

李清照的作品最特別之處在於其他文人都是男性作家，他們多以男性的角度揣摩女性的心思、動作，李清照卻是以女性的思維來書發心情。她有血有肉，對於愛情有所執著，對於家國飄零也有所感觸，不僅是個純真美好的小女子，也是勇敢堅強的女強人。

小結

李清照是少數在歷史上可以留名的女作家，她活在一個紛紛擾擾的時代，又歷經了一般人難以承受的苦痛，先後承受國破、喪夫、再嫁、被家暴的殘酷。

古代對於女性的限制太多，愛情的結合和分開都無法自由選擇，單身女性也難以一個人獨立在社會上生存，但有才華的李清照卻是特立獨行，在男性霸權主導的文化下，她仍勇敢活成自己的樣子，用詞作呈現一個女性溫柔又堅毅的力量！

第7章

我要上戰場！英雄遊戲裡的文武全才——辛棄疾

辛棄疾

強大的電玩主力角色通常有共同的特色：首先，對玩家而言操作難度高，但可以瘋狂炫技，放出華麗大絕招；此外，主角還具有一個打十個的能力。國文課本裡便有一個詞人是英雄遊戲裡的超強角色，不只創作功力強，自幼習得劍術、熟讀兵法，還能上戰場殺敵。他十多歲時就深入敵國刺探敵情，二十二歲以寡敵眾，直驅敵人軍營，親手捉拿叛賊。

這個武力值極高、堪稱可以 carry 全場的勇猛角色就是辛棄疾！

新手任務培養：少年間諜養成

遊戲背景是這樣開始的……

北宋末年首都汴京（開封）遭金兵包圍，到處都是孩童的哭聲、婦女的慘叫聲，金兵掠奪百姓的財產，擄走美貌的婦女，汴京淪為血流成河的人間地獄。宋徽宗、宋欽宗活生生被金兵擄走，還有多位皇族、妃嬪、大臣被押送到金國，這是大宋王朝的奇恥大辱，即歷史上的「靖康之難」。北宋宣告滅亡後，高宗倉皇逃難，將首都遷至南方臨安，史稱南宋。

自此，北宋成為了史書的一頁，那些星光熠熠的北宋詞人也已黯然離世。

在大宋王朝風雨飄搖之際，並沒有出現武俠小說裡郭靖使出降龍十八掌死守襄陽城，也沒有楊過和小龍女雙劍合璧大殺蒙古人的情節。不過，有位引爆「man power」的英雄人物辛棄疾披上鎧甲，手持兵器，騎著金戈鐵馬奔馳沙場，在歷史上流芳百世，留下了驍勇善戰、忠貞不渝的身影。

每個電玩主角，都有段神奇的童年，還會有個人在他心中種下小小的種子。

南宋紹興十年，一個健壯的男嬰誕生在金人統治下的北方山東，宏亮的哭聲響徹雲霄。辛棄疾自幼由祖父照顧，祖父辛贊是金國亳州縣令，這個身分恐怕讓人跌破眼鏡，祖父是金國官員，為什麼辛棄疾還想報效宋呢？

山東本來是宋朝的土地，但是被金國奪走，辛贊雖然在金國為官，但是從未忘記自己是宋人，時常帶著幼小的辛棄疾指著南方的壯麗山河，語帶慨歎地告訴他：「那是我們永遠的故國，你一生要心向大宋。」

辛棄疾在祖父充滿感慨的告誡下，將眼光朝向南方，微風吹拂著他的衣衫下擺，也揚起這孩子內心的豪情壯志，看著那端被夕陽渲染的山水，他向祖父點點頭微笑說道：「來日我一定要踏上故土。」

年幼的辛棄疾常常看著南方美麗的山水，心中懷抱著慷慨激昂的愛國情懷。他親眼目睹金人如何欺壓宋人，南宋百姓淪為奴隸，過著生不如死的生活，因此就算成長在金人統治的北方，自幼便在心裡許下將來若有機會一定要把故土收回來的心願，成為他一生要破關的主要任務。

為了擊敗金國大魔王，完成畢生使命，獲得遊戲最終勝利。辛棄疾於十多歲左右，曾兩次前往金國都城考取科舉，考試的目的不是為了高中科舉，而是要刺探敵情。少年辛棄疾在金國四處走訪，考察燕京城的政治狀況、城防特點。他一心想瞭解金國都城的格局，到處奔波踏查，得到許多資訊。

辛棄疾的新手任務破解地很快，他很快就上手了，儼然已經成為專業情報員，此外他也拚命苦讀兵法、勤練劍術。積極籌備自己的戰力，就是為了有天能親自上戰場，跟金人兵戎相見，一決勝負。

遊戲初階關卡：捉拿反叛內賊

隨著新手任務成功破關，辛棄疾的面容逐漸成熟，長成一個身材健壯的成年男子，這時候的他要開始面對更為險峻的遊戲關卡。

二十二歲時，他的手下已經有兩千多個義勇軍，組織起來抗金。當時，山東有位農民耿京組織了義勇軍，手下有十多萬的兵力，辛棄疾深知做大事需要兵馬，畢竟眾人一起推塔、打巴龍，還是比一個人online game有力，於是他帶著兩千兵力投靠耿京，希望可以和耿京一起為了宋朝復國大業而努力。

沒想到跟著辛棄疾前來投奔耿京的下屬義瑞居然偷走了帥印，耿京氣沖沖地要找辛棄疾算帳，他霸氣地說：「三天內我若是抓不住義瑞便受死！」足智多謀的辛棄疾料想反叛角色義瑞肯定帶著帥印前往金國邀功，於是便快馬加鞭地踏上前往金國的路程，就在途中見到義瑞騎馬狂奔的身影。

義瑞聽到辛棄疾在他背後震耳欲聾地大喊，自知逃不了，便不斷求饒。但背叛，就是該死。就算只是場遊戲人生也是該死。

辛棄疾將刀往義瑞的頭顱砍去，手起刀落的瞬間就俐落地了結了義瑞的生命。殺了義瑞，耿京更加信任辛棄疾，於是辛棄疾向他提議可以帶領士兵們投靠南宋，也更好籌備反攻金國。耿京接受辛棄疾的建議，決定帶著弟兄投靠南宋。就在南宋政權準備接受起義軍的時候，起義軍內部卻傳來風雲變色的消息，耿京深夜時慘遭人殺害，他倒在一片血泊中，現場還留下了打鬥的痕跡，一片狼藉。

原來是耿京的下屬張安國收了金國的好處，親手殺死統領耿京，甚至還帶領部分的義勇軍投奔金國，讓義勇軍失去了根據地，暗黑反派角色真是死不完。

當耿京被殺害之時，辛棄疾正在南方和南宋談接收起義軍的大事，無法在耿京身邊保護他。耿京被殺的噩耗傳來，辛棄疾忍不住悲從中來，體內彷彿有塊炙熱的鐵塊正重重燒燙著他……

此時，辛棄疾在心中下了決定要捉拿叛賊，即使失去生命也在所不惜。

漆黑的夜裡，張安國正在金國的軍營中與金人喝酒，享受從金國得到的賞賜與榮耀，當他喝得酩酊大醉之時，只見辛棄疾衝進了金兵軍營裡，身旁只有幾個隨從人馬。

金國將領被突如其來的勇士嚇到，拿起劍衝上前想殺了眼前的闖入辛棄疾，但是辛棄疾轉身閃過了敵人的攻擊，一個箭步跑到張安國身邊，並舉起寶劍架在張安國的脖子上。

意義是什麼？哥只知道義氣。反正我有遊戲主角光環加持！此時此刻再也沒有人擋得住辛棄疾。

張安國嚇得渾身發抖，不斷哀嚎求情，金兵圍繞著他們，辛棄疾眼神充斥著怒火，金兵被辛棄疾的勇猛震懾住，不敢上前。於是他順利帶走張安國，並把人押解至宋高宗所在的建康，南宋朝廷將這位叛賊斬首示眾，圍觀的人民們都歡呼叫好！

辛棄疾的初階電玩任務完成了！他替自己的大哥報了仇！

壯歲旌旗擁萬夫，錦襜突騎渡江初。燕兵夜娖銀胡觮，漢箭朝飛金僕姑。

——〈鷓鴣天〉（節選）

年少時就擁萬夫，進金國軍營如入無人之地，不但生擒反派角色張安國，還毫髮無傷地全身而退，顯現他年少的豪壯雄心，以及對於投奔南宋後的美好想像。但滿懷夢想的辛棄疾卻萬萬沒想到，南宋朝廷或許根本沒有他想得美好，個人的凌雲壯志或許也難以在渺茫的關卡中實現。

遊戲正式開始：打怪闖關人生

投奔南宋後，憑辛棄疾一流的偵查和武術能力，肯定能在戰場上衝鋒陷陣，把金兵從馬上一個個斬下，並一步步收復宋朝疆土，成為大宋第一將領。可惜這個美好願景並沒有發生，辛棄疾的出生已經注定了他一生的命運。

縱然辛棄疾有很強的技能值，武術能力也可以隨著經驗值上升不斷強大，但先天的人物設定卻無法改變。

出生在金國統治區，後來投歸南宋，朝廷把這種從淪陷區回歸南宋的人稱為「歸正人」。這些人大量南遷給南宋政府帶來很大的負擔，而且他們很有可能是奸細，或是以投靠之名向南宋索取官職跟金錢，以至於朝廷官員多數不信任歸正人，許多歸正的官員不被授予實職，還將他們分散在各州郡中。

辛棄疾的政治地位一直是個小咖，卻發揮了強悍的工作能力，在每個位置上都竭盡本分做好做滿，還時常一找到機會就練兵、策畫北伐。

他陸續到過許多地方打怪，當過江陰（今江蘇江陰）、建康（今江蘇南京）、滁州（今安徽滁州）、湖南、江西等地的官員，也做過許多神秘的工作，例如掌管國家糧食倉庫和農業。

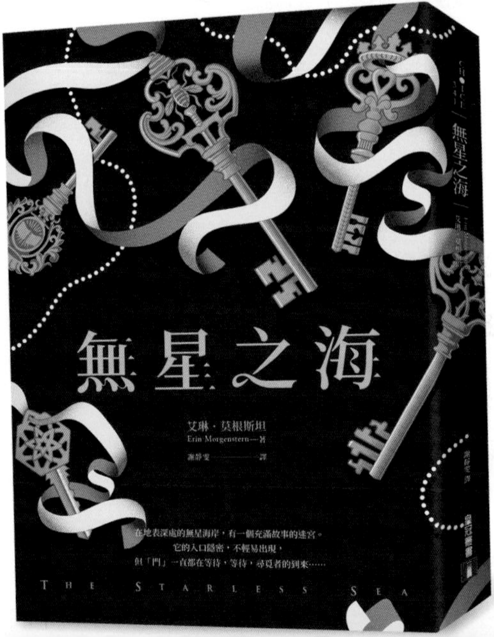

在起點與終點之間，
沒有迷路，只有你想走的路……

無星之海

艾琳・莫根斯坦——著

暌違8年，**《夜行馬戲團》**暢銷名家再創奇幻顛峰之作！
《紐約時報》暢銷書！
美國Amazon書店當月選書，逾4顆星一致盛讚！

在地表深處的無星海岸，有一個充滿故事的迷宮。它的入口隱密，不輕易出現，但「門」一直都在等待，等待，尋覓者的到來……《無星之海》是一個關於故事的故事，一本獻給愛書人的情書。艾琳・莫根斯坦以超乎尋常的描寫功力、優雅如詩的文筆，帶領我們前往充滿書本與神話的秘密圖書館，探索故事的本質與力量。在那裡，你將經歷一場穿越時空的旅程，發現一個神秘的地底世界，並見證一段永恆的愛情故事，讓我們在閱讀故事的同時，也活出屬於自己的故事！

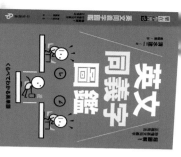

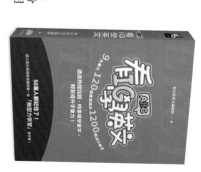

但對朝廷而言，辛棄疾既然是最強的主力角，當然是哪個遊戲需要破關，就派他去解決，於是他開始了四處遷移打 game 的人生。

滁州，歷經多次戰亂，當時是個極其荒涼的地方。因此辛棄疾這次要破的遊戲——模擬城市，他將重建一個強大的城市。

他來到這裡後，鼓勵人民開墾，讓滁州糧食大豐收，同時積極籌備各項基礎建設，鼓勵商人前來經商，經由辛棄疾的努力，滁州果然煥然一新，變成了一個富裕和諧的城市。

征埃成陣，行客相逢，都道幻出層樓。指點檐牙高處，浪擁雲浮。今年太平萬里，罷長淮、千騎臨秋。憑欄望，有東南佳氣，西北神州。

千古懷嵩人去，還笑我、身在楚尾吳頭。看取弓刀，陌上車馬如流。從今賞心樂事，剩安排、酒令詩籌。華胥夢，願年年、人似舊遊。

——〈聲聲慢・滁州旅次登樓作和李清宇韻〉

辛棄疾登上了奠枕樓，這座樓是他將滁州治理完善後，為了與當地百姓同樂所建造。他遠眺一片繁榮平安、商客如雲的景象。

但不能只讓滁州太平，從「憑欄望，有東南佳氣，西北神州。」更可知辛棄疾有收復神州大地的渴望。

雖然對自己只能來此處練關，當個地方小官有些無奈，但他依舊期許滁州能像傳說中美好的華胥國，讓人民歲歲年年都過得美好安康。

然而，這次滁州模擬城市的任務解決了，辛棄疾依然是愁眉苦臉，畢竟這裡沒辦法讓他發揮軍事上的才能，他真正的願望是從金人手中把北方的土地收回來。

就在此時，第二個電玩任務又來了！這次他要玩的是三國無雙！要帶兵去消滅敵人！

宋代的茶葉一向作為政府專利品，茶商需要繳一大堆稅才能經營茶葉生意，稅這麼重如何賺錢？既然要讓政府抽油水，茶商索性反了！不如私下走私做貿易。

後來右丞相葉衡上書推薦辛棄疾平亂。辛棄疾上任後，從宋軍中挑選一批身強力壯的士兵，用重金組建一支敢死隊，還結合當地的鄉兵帶路，不致被茶商軍的躲藏路線所迷惑，約莫三個月的時間，快速搞定了茶商軍的叛亂。

如此有才幹的辛棄疾，在地方上管理得好，還會帶兵平亂，強大的政治和軍事才能，真的是超強遊戲角呀！

辛棄疾平定茶商軍作亂後得到小小嘉獎，但他並沒有被拔擢過高的政治地位，還時常被調來調去打野怪。

鬱孤台下清江水，中間多少行人淚。西北望長安，可憐無數山。

青山遮不住，畢竟東流去。江晚正愁余，山深聞鷓鴣。

——〈菩薩蠻・書江西造口壁〉

雖然前不久才消滅江西茶商軍，但辛棄疾卻想起江西造口曾是金兵南下的侵略地，忍不住悲憤慷慨，眼前的江水就如同行人的眼淚源源不止。

即使有無數崇山峻嶺遮住辛棄疾所思的汴京城，仍擋不住如滔滔江水般的愛國心志和悲憤。

他獨自在夜晚的江邊，耳邊只聽到陣陣淒厲的鷓鴣鳥聲。哀鳴聲化作無窮的餘韻。

約莫四十歲時，他又被調到湖南，擔任安撫使。

湖南一帶常發生農民起義，需要找隊友連線組隊，大家一起破關！於是辛棄疾上書朝廷建議在湖南創建一支有戰鬥力的地方部隊。

從此，歷史上即將誕生一支赫赫有名的地方軍隊——飛虎軍，這支軍隊會成為往後安定湖南的力量，也是南宋三、四十年內，令金兵嚇到脫褲子的軍隊。

籌備飛虎軍的時候，需要花費大量的金錢，有人密告辛棄疾耗費太大，皇帝還下了金牌要阻止辛棄疾繼續建設軍隊。大家不要小看金牌的用意，岳飛當年攻打金兵，連連攻下好幾個城池，卻被皇帝下了十二道金牌召回去，結果一回宮就被殺頭了。

辛哥的霸氣又在此時展現出來，他看了看金牌露出不屑的表情。這是什麼東西？可以補血和增加攻擊力嗎？他甩都不甩這金牌，還把它藏起來。同時他也加快腳步招兵買馬，積極操練士兵、嚴格訓練，期間他都親自坐鎮操練，建立嚴明的軍紀與扎實的練習，終於一支作戰能力強大的軍隊成立了。

等到軍隊真正成立後他才上書彙報說收到了金牌。為了北伐大業，辛棄疾連皇帝的金牌都不放在眼裡。

這支飛虎軍從起初建軍的兩千多人，逐漸發展成能戍守一方疆域的軍隊。

眼看就要發揮軍事所長，完成生平北伐所願。然而，辛棄疾的打怪能力實在太強，又散發著一種「我很好用」的工具人大叔氣場。

建立飛虎軍沒多久，他又被調到江西擔任安撫使。那裡有嚴重的饑荒，這次辛棄疾被派去解決賑災的問題。

辛棄疾一上任就嚴格控管糧食的買賣，還用公款開倉賑民，他發布了一條規定：「閉糶者配，強糴者斬。」將那些屯糧不肯販賣糧食的商人一律流放，搶劫糧食的人一律處斬，透過一連串強硬的手段，江西的饑荒問題很快就壓下來了。

遊戲副本支線：經營開心農場

辛棄疾鎮壓茶商軍、成立飛虎軍，每到一個地方都積極建設，展現強悍的破關打怪能力。但是，解決了江西饑荒問題，也替自己帶來了災禍。

淳熙八年，辛棄疾四十二歲，遭到其它官吏彈劾，說他殘暴無道、剝削人民，這究竟是怎麼一回事呢？

辛棄疾在各地打怪時，執行政策上確實是秉持強悍的鐵血風格，為了建軍必須花費大量的金錢，為了安定各地的混亂局面，他採用嚴刑峻法來平定，但他的鐵腕作風絕對不是出自私人利益，而是給積弱不振、奄奄一息的南宋注入猛藥，得以安定地方、提升軍事力量。

遭到彈劾後，辛棄疾隱居在江西上饒城外的帶湖，整整十年。人生能有幾個十年？他整整被朝廷遺忘了十年，大可選擇從此乘桴浮於海，過著逍遙自在的生活，但他內心對家國的熱情始終不滅。

十年後，辛棄疾有了新的機會，他被派到福建擔任提點刑獄和安撫使。辛棄疾一上任就察看福建的地勢和軍事狀況，內心的戰鬥魂又熊熊燃燒了！他認為福建靠海，若不重視海防軍事，敵人要入侵是輕而易舉的事，後果將不堪設想。於是他開始積極籌建海防，打算把遊戲戰場拓展到海上，玩場大航海時代！結果大興軍事又被人彈劾了，再次被罷官。

這次罷官又是整整十年，後來他隱居在江西鉛山瓢泉附近，過著遺世獨立的農耕生活。

在湖南建立飛虎軍、在江西解決糧荒問題、在福建重建海防，辛棄疾每到一個新電玩關卡都展現了強大的破解能力，而且他做的每件事，無不是為了朝廷和人民，但是卻沒有換得政府的重視，接連遭到罷官的命運。

當年他意氣風發地帶著義勇軍投奔南宋，但是在南宋的四十年，卻有一半的歲月，隱居於江西。

他遠離官場，沒有任何職務在身，享受農耕生活，因此他也自稱為「稼軒居士」。「稼」指莊稼、農事，「軒」是小屋子，「稼軒」有歸隱田園之意。

隱居的生活裡，辛棄疾總算能卸下英雄和戰爭遊戲的角色光環，玩一些比較輕鬆的小遊戲——開心農場。

他可以自由自在地耕田、種菜，享受大自然的芬多精。

明月別枝驚鵲，清風半夜鳴蟬。稻花香裏說豐年，聽取蛙聲一片。
七八個星天外，兩三點雨山前。舊時茅店社林邊，路轉溪橋忽見。

——〈西江月・夜行黃沙道中〉

農村夏夜裡處處是生機，有被明月升上樹梢嚇到的喜鵲、鳴叫的蟬、活力的蛙。

吹著夏夜的涼風，風中還傳來陣陣蟬聲與蛙聲，辛棄疾聞到豐收的稻花香，露出了滿足的微笑。

抬頭看天空稀落的星星，突然山前下起了小雨，正慌張之際，就發現山間小路轉個彎，過一座溪橋，有以前去過的茅屋。雖然天空下起小雨，可是意外地發現舊時去過的地方，是意外的小驚喜。

偶爾，辛棄疾也和農村的居民玩在一塊，看看他是多麼的親民又可愛。

茅檐低小，溪上青青草。醉裏吳音相媚好，白髮誰家翁媼？
大兒鋤豆溪東，中兒正織雞籠。最喜小兒亡賴，溪頭臥剝蓮蓬。

這戶農家有一對頭髮已花白的老公公、老婆婆，而大兒子正在鋤豆、二兒子在織籠子、小兒子無所事事，躺在溪頭畔撥蓮蓬吃。

小兒真是率性呀！真想和他一起躺下來發個懶！

辛棄疾在開心農場的生活日記，用語都十分白話輕淺，卻能生動地呈現小老百姓的純樸生活。

但比起在開心農場種菜，辛棄疾還是更愛戰爭遊戲。

儘管退居田園將近二十年，他卻永遠是個戰士、勇者，並沒有消極喪志，更沒有就此放棄北伐大業。

時間的消逝，讓辛棄疾成為一個六十多歲的老頭子，時光帶走了他的青春外貌，卻沒有沖刷他的雄心壯志，他就像在風中的蠟燭，努力點燃自己，等待東山再起的機會。

遊戲最終結局：大叔也有積分夢

六十四歲時，辛棄疾接到朝廷的任務，擔任鎮江知府。

此時蒙古族壯大，金國內憂外患不斷，南宋政府認為正是北伐的最好時機，辛棄疾眼見朝廷有北伐的心志，卯起勁來努力打造軍服、招募士兵，準備訓練一支軍隊抗金。

但是在他積極訓練士兵之時，總感受到自己不容於朝廷的壓力，所以時常登上北固亭，並且慨歎不已。

辛棄疾雖然老了，但從他登上北固亭寫下的詞句可以看出他也有追星夢。因為榜上還是有許多積分、牌位比他高的神力電玩人物，他的偶像有哪些人呢？

千古江山，英雄無覓，孫仲謀處。舞榭歌台，風流總被，雨打風吹去。斜陽草樹，尋常巷陌，人道寄奴曾住。想當年，金戈鐵馬，氣吞萬里如虎。

元嘉草草，封狼居胥，贏得倉皇北顧。四十三年，望中猶記，烽火揚州路。可堪回首，佛狸祠下，一片神鴉社鼓。憑誰問，廉頗老矣，尚能飯否？

〈永遇樂．京口北固亭懷古〉

偶像一號：孫權（孫仲謀），十八歲接管江東大業，又在赤壁之戰中擊敗北方曹魏強權，是三國遊戲中智勇雙全的角色。

偶像二號：南朝宋武帝劉裕（小名寄奴），才幹與霸氣十足，曾經先後滅掉北方民族建立的南燕、後秦，戰功赫赫。

孫權和劉裕都是在北伐中取得勝利的大豪傑，這兩人皆是辛棄疾心中的super idle，擁有超高的積分和武力值，詞作背後其實也寄託了辛哥和北方政權對抗的理想。

然而，追星夢表面上看似雄壯豪氣，卻又透露著難以實現心願的惆悵悲憤。即使是孫權、劉裕這樣的大英雄，都已經難以尋覓，從前華麗的歌舞樓台、劉裕所住的屋子也在風吹雨打中消失殆盡。

詞句中「元嘉草草，封狼居胥，贏得倉皇北顧。」指的是劉裕過世以後，由南朝宋文帝劉義隆接位，元嘉便是南朝宋文帝時期的年號。然而，劉義隆卻沒有父親劉裕征戰沙場的霸氣與能力，他再次發動北伐戰爭，征討魏國太武帝拓跋燾（小名佛狸），結果卻輸得一敗塗地，落到「贏得倉皇北顧」的下場。

「可堪回首，佛狸祠下，一片神鴉社鼓。」而魏太武帝大勝劉義隆以後，在江蘇一代建立了行宮，後來這行宮就叫做佛狸祠。佛狸祠的成立是漢人政權敗給輸給北方外族的恥辱，這背後有著令人感嘆的國族哀愁。

南朝宋文帝大敗給魏太武帝，也暗指南宋此趟草率北伐可能的結局。

「四十三年，望中猶記，烽火揚州路。」辛棄疾懷想起四十三年前，二十多歲的他在耿京義勇軍中驍勇善戰，懷抱著青春理想、北伐美夢，那大概是他此生最難忘的回憶。但是如今呢？那青春美夢只成為一個念想。

最後登場的偶像三號：廉頗，是戰國時期趙國名將。

晚年時趙國多次在戰爭上失利於秦國，趙王希望廉頗能替趙國打仗，就派使者去見廉頗。

廉頗得知趙王要再次重用他，內心非常雀躍，在與使者會面時吃了不少飯，還穿上盔甲騎馬給使者看，證明自己老當益壯。但是那名使者老早就收了他人的賄賂，在趙王面前說廉頗吃頓飯跑了三次廁所，趙王一聽覺得廉頗真的老了，連屎尿都管不住了，已經派不上用場，再也沒有重用過廉頗。

辛棄疾用廉頗比喻自己，明明還能上場作戰，卻總是遭人陷害，無法報效國家。

這首充滿偶像崇拜的詞，風格卻悲涼慷慨。蘇軾和辛棄疾的詞作一般被歸為豪放詞風，但二人的風格卻不太一樣，王國維曾評價過：「東坡之詞曠，稼軒之詞豪。」東坡詞時常在作品末尾以曠達的態度消解痛苦，而辛棄疾則直抒自身的悲涼雄心。

後來辛棄疾的際遇果真就像他的偶像廉頗一樣，一直遇到豬隊友扯後腿，他遭到官員彈劾免職。即使練兵用心良苦，仍無法繼續帶兵北伐，難以爬上更高的積分。

沒有辛棄疾的北伐 carry，南宋軍隊徒有菁英般的自信，卻只有銅銀金的實力，軍力根本不敵金國。南宋士兵在沙場上節節敗退、落荒而逃，輸得一敗塗地，只好向金國求和。

金國要求把宰相韓侂胄的人頭送過來才談和，韓侂胄非常憤怒，決定再次用兵，想找勇猛的辛棄疾出山幫忙。

當詔書到達辛棄疾隱居的地方，已六十七歲、白髮皤皤的辛棄疾躺在床上，用盡最後的氣力想拿起兵刃，手腳卻不聽使喚。臨終前氣息奄奄的他，仍勉力喊著：「殺賊！殺賊！」雖然聲音微弱，但是這氣若游絲的「殺賊」

口號卻是他從小立志一定要破的終極任務，作為強大的英雄遊戲角色，卻沒有辦法好好發揮軍事實力，也沒有走到最後一關，卻至死都牽掛著，不願放下。

該說辛棄疾太傻嗎？他寧願戰死，也不願無所作為。看了辛棄疾的遭遇，也許你會替他抱不平：何必為了沒用的南宋朝廷執著一生呢？

辛棄疾從來不是以自身的利益為出發點，而是以家國的安定與民族榮耀為理想。這個遊戲背景是如此的黑暗！但不論南宋政府如何對待他，不論政局如何變化，不論反攻大業多麼無望，對於辛棄疾而言，他的心中永遠掂記著北方的土地，那裡除了是故國，也是理想的象徵，是他要用盡生命去實現的志業。

英雄聚光燈下的辛棄疾：溫柔又霸氣

很多人都知道辛棄疾是豪放派詞風的代表人物，卻不知道辛詞有婉約的一面，兼具霸氣與溫柔，豪情萬丈又不失細膩柔情。

辛詞的魅力在於辛棄疾有時像愛情遊戲裡溫柔貼心又疼愛女主的暖男；他也有隱居消遙自在的一面，像是仙俠遊戲的逍遙仙人；此外他還有壯闊滄桑的一面，化身戰爭遊戲中馳騁沙場的霸氣英雄。

我們先來看一首辛詞婉約風的作品〈青玉案．元夕〉：

東風夜放花千樹，更吹落，星如雨。寶馬雕車香滿路，鳳簫聲動，玉壺光轉，一夜魚龍舞。

蛾兒雪柳黃金縷，笑語盈盈暗香去。眾裏尋他千百度，驀然回首，那人卻在，燈火闌珊處。

元宵節的燈火繁盛，還有許多華麗的車馬在路上，人們徹夜狂歡，氣氛歡騰喜悅。路上有眾多美好的女子，行走之間說說笑笑，空氣中瀰漫著女子的香氣。「眾裡尋他千百度，驀然回首，那人卻在，燈火闌珊處。」如果用情歌的角度來看，是說歷經千辛萬苦，沒想到一轉頭，意中人就在燈火幽暗裡；愛情就是這麼喜歡跟人開玩笑，兜了一個圈，才發現一切冥冥之中早有安排。但這首詞也可以從不同的角度理解，那苦苦追尋的人也可能是辛棄疾的自我投射，象徵他對於美好理想、英雄豪氣的追慕之心。

辛棄疾的生命裡一直有著很癡情的理想，一生都以收復故土為目標，但是現實中的南宋積弱不振，而這看似天真執著的夢想，卻始終貫徹在他的生活之中。面對亂世，有些文人選擇退隱江湖、選擇放下，但是辛棄疾經歷整整二十年的罷官生活卻沒有讓他遺忘愛國大業，在六十多歲時依舊帶兵作戰。

他骨子裡擁有積極進取的英雄豪氣，因此他的詞作也充斥壯志未酬的痛苦。像是這首入選高中國文課本許多年的〈破陣子．為陳同甫賦壯詞以寄之〉：

醉裏挑燈看劍，夢回吹角連營。八百里分麾下炙，五十弦翻塞外聲。沙場秋點兵。

馬作的盧飛快，弓如霹靂弦驚。了卻君王天下事，贏得生前身後名。可憐白髮生！

號角聲響的軍營中，士兵大塊地烤著牛肉，絃樂器彈奏著悲壯的塞外音樂，沙場上正舉行浩浩蕩蕩的點兵。戰場上馬兒快速馳騁，弓箭發出霹靂的聲音，辛棄疾在接連的戰爭中完成收復天下的大業，還贏得了英雄的名聲。

但這只是一場夢境，醒來後發現自己不過在做白日夢，現實中的他只能喝酒看劍，歲月漸逝、白髮徒增，不斷地經歷失落。在夢境中越是慷慨激昂、雄壯豪氣，更顯得現實的不堪、落寞。

小結

人生或許就是一場遊戲，一路上埋藏各種大小關卡，許多人會抱怨這些難關令人痛苦，辛棄疾卻從來不畏懼眼前會有什麼阻礙，始終努力面對、堅持理念。

雖然他的畢生留下了許多憤恨和遺憾，屢屢遭小人陷害彈劾，南歸後整整二十年的時間被罷官，可說英雄無用武之地。但是歲月沒有抹滅辛詞的獨特性，一首首霸氣開闊的詞，訴說著他慷慨激昂的一生。

千古興亡多少事？悠悠。不盡長江滾滾流。

——〈南鄉子・登亭口北固亭有懷〉

古今的歷史不斷流轉，人們只是滄海一粟，難以操控世事的變化。辛棄疾登樓遠望，白髮被風吹拂著，眼神深邃蒼茫；在茫茫天地之間，他可能一無所有，但心裡永遠有著豪壯江山，以及似水的柔情。

縱然他最終無法北伐、收復土地，卻以豪壯和柔情的詞風，在文學的江湖裡征服了一代又一代的讀者。

第8章

哥的人生真的好慘！職場、情場都是一場夢——陸游

唐琬
陸游

國文課本裡的落魄文人太多，有些人仕途不順，成天被貶謫；有些人連想進入仕途都沒辦法，科舉怎麼考都落榜；有些人懷抱遠大的理想，卻難以一展抱負。接下來我們要談的陸游，也是倒楣鬼之一，他的人生在仕途、理想、愛情中都一一落空，真可謂是慘絕人寰，究竟是命運的捉弄，抑或是冥冥之中自有安排？讓我們繼續看下去！

悲慘事件簿 I：顛沛流離的悲慘童年

風雨交加的淮水上，傳來刷刷響箭、隆隆烽火的巨響，戰火燃燒了北宋的大地。一個男嬰在搖晃的船上誕生了，而他的一生正如這艘飄搖的船，坎坷又悽慘。

這個男嬰便是陸游，號放翁，為南宋愛國詩人。一生寫了約莫一萬首詩，大概等於上廁所、吃個早餐都可以寫詩。除了詩以外，陸游的詞也別具特色，時常以詩詞抒發家國情懷和心中抱負。

陸游出生的時候，正是金國大舉入侵北宋之時，後來金兵攻陷首都，造成了他顛沛流離的童年。

陸游三歲時，北宋發生靖康之難宣告滅亡，金兵燒殺擄掠了大宋都城，導致國破家亡，這在陸游幼小的心靈裡深深埋下國仇家恨的種子，所以他自幼的願望便是看到宋朝復國。

為什麼南宋許多文人的夢想都是還復舊都、壯大宋朝呢？例如辛棄疾、朱熹、岳飛等大家耳熟能詳的南宋名家都是主戰派。因為，靖康之難對宋朝人而言是莫大的恥辱，兩個皇帝活生生地被外族人給抓走，你說氣不氣？相信有尊嚴的人都難以忍受南宋偏安一方的苟且心態。

幼年歷經靖康之難，為了避難，一家人帶著陸游遷移北方，十歲以前過著到處漂泊的日子。他回憶起當時的生活曾說：「我生學步逢喪亂，家在中原厭奔竄，淮邊夜聞賊馬嘶，跳去不待雞號旦。人懷一餅草間伏，往往經旬不炊爨。」一個幼童才剛學習走路就要四處奔竄，常常躲在草間，餓了就吃些乾糧果腹，十多天都無法吃一頓熱騰騰的飯菜。

而少年時就見證北宋的衰敗和傾覆，經歷一個王朝的凋零，更堅定了他想要抗敵報國的心志。

儘管陸游有很好的家世，祖父和父親都才華洋溢，母親還是宰相的女兒，含著金湯匙出生的背景，造就他十多歲時就已飽讀詩書，也能隨意題詩創作的才能。

如果生長在太平盛世，陸游應該可以當個普通的富二代讀書人，可嘆的是在亂世之中，不論你的背景家世、身分階級如何，都是刀光劍影中的可憐人，如同沒有根的浮萍，只能隨波逐流，任由命運帶往未知的將來。

悲慘事件簿II：官場黑箱作業的受害者

前面聊完陸游漂泊無依的童年，接下來談談他「黑到發亮」的仕途吧！

陸游十九歲時第一次參加科考，結果落了個空，榜上無名。沒關係，大丈夫從哪裡跌倒就從哪裡爬起來，十年後，二十九歲的他再次參加科舉，經過十年的苦讀，果然不負眾望奪得第一名。

但是命運跟陸游開了一個天大的玩笑，人家都說做人好難，沒有成就時難免懊惱難過，太有成就的話，也容易鋒芒外露，招來他人的忌妒和猜疑，只能說做人真辛苦。

正當陸游因為名列省試第一名春風得意時，卻不知道有一場腥風血雨的災難即將來臨。

那年省試，秦檜的孫子也是考生。沒錯，這個秦檜就是以莫須有罪名陷害岳飛的小人，當時他已經位居宰相，考試前他就向主考官使眼色，希望自己的孫子可以第一名，沒想到成績出來，得知孫子竟然是第二名，因此非常震怒，差點要把主考官給殺了！而搶占孫子榜首位子的陸游自然也成為他的眼中釘。

隔年，陸游去參加複試，秦檜仍然記恨在心，利用宰相的權力施行黑箱作業。套句《少林足球》的經典台詞：「球證、旁證，加上主辦、協辦所有的單位全部都是我的人，你怎麼和我鬥？」這場複試的主考官都是秦檜的親信，陸游怎麼贏得了？可想而知，結果是秦檜的孫子高中第一名，陸游被從榜單中剔除了。從此，只要秦檜得勢的一天，榜單上都不會有陸游的名字，他不只是在職場上黑掉，還黑到閃閃發亮。

考第一名有錯嗎？陸游到底是招誰惹誰了？錯就錯在他不只是第一名，還有一顆熾熱的愛國心，開口閉口談的都是「收復失地」。對於軟弱的主和派代表秦檜而言，談和才是王道，於是主戰派的陸游，被打入了黑名單。

科舉考試要的不是真正的人才，而是聽話的人，當時的現實便是如此殘酷。陸游才華洋溢，卻遭權臣猜忌、不為世道所容，像極了他筆下的梅花。

驛外斷橋邊，寂寞開無主。已是黃昏獨自愁，更著風和雨。無意苦爭春，一任群芳妒。零落成泥輾作塵，只有香如故。

——〈卜算子〉

古詩詞中提及香花香草，時常寄託作者的美好品格或是理想。而梅花清雅不俗，在寒冬中不畏嚴寒，只為自身開放最美的姿態。這首詞中的梅花，在風雨吹打的斜陽下獨自綻放，它無意和其他花朵爭奇鬥豔，卻被百花妒忌。孤苦可憐的梅花，縱然化作春泥，依舊持續飄散著縷縷幽香。

表面上寫的是梅花，其實梅花的遭遇又何嘗不是陸游自身呢？有著美好的品質，卻無人欣賞，還遭眾人怨恨。縱然命運悲苦，但是一句「零落成泥輾作塵，只有香如故。」道出了詞人對芬芳理想無怨無悔的堅持，化作塵也要留下高貴的精神。

悲慘事件簿III：最想當兵的男人

因為高宗在政治上採取主和的主張，陸游即使在秦檜死後得以進入仕途，卻始終沉居下僚、人微言輕。而高宗下位，認同北伐的孝宗上台以後，陸游得到了提拔，孝宗還特賜他進士出身。但是孝宗雖積極策劃北伐，發動的「隆興北伐」戰役卻大敗，導致朝廷中主和派的勢力再次復燃，於是陸游又被罷免了。不論是主和派的高宗還是主戰派的孝宗時期，陸游在朝廷中都是人人攻擊的箭靶。

陸游被罷免後幾年，掌管軍事的樞密使王炎看上他的才華，找他出來擔任幕僚。對陸游來說，跟在名將王炎身旁，不但更接近自己想要施展的軍事抱負，還可以親赴軍隊第一線，感受萬馬奔騰、戰鼓喧天的氣勢，這段軍旅生活，對他的人生有很大的影響。他有許多有名的詞作都在緬懷這段於南鄭（陝西漢中）的從軍時期，比方〈夜遊宮．記夢寄師伯渾〉：

雪曉清笳亂起，夢遊處、不知何地？鐵騎無聲望似水。想關河，雁門西，青海際。

睡覺寒燈裏，漏聲斷、月斜窗紙。自許封侯在萬里。有誰知，鬢雖殘，心未死。

這首詞的上半片是回想往日跟著王炎的從軍生活，連作夢都想著軍旅日子，陸游大概是有史以來最想當兵的文人！塞外樂器的聲音響起，驍勇的戰馬卻未有嘈雜聲音，顯得氣勢莊嚴。軍隊排列整齊像水流一樣向前進，這場景令人想起那邊塞的關河、雁門、青海邊際。上片透過夢境遙想過往在軍隊中的風光生活，下片回到了不堪的現實，月光斜照在窗上，計時的漏聲停歇，剛剛的塞外場景不過就是一場夢罷了。

陸游自許想要封侯建功立業，雖然已經年華老去了，但雄心壯志還未消滅。對沒當過兵的女子而言，聚會時最怕碰到一群男人聊當兵的事，他們一聊起當兵話題，當年勇的故事似乎永遠講不完！陸游就是那種會在聚會場合大談當兵事蹟的男人，一談論馳騁沙場的生活就滔滔不絕。陸游詞作也有柔情婉約之作，但從軍生涯還有投入戰場的決心卻是他為人所熟悉的作品主旋律。

不過他跟在王炎身邊沒多久，王炎就被召喚回京，這下子飯碗當然也沒了，陸游這傢伙真是走到哪就衰到哪！

悲慘事件簿IV：頹廢的中年厭世男

幾年後陸游南下到四川成都，這時陸游的好友范成大在四川當官，他是南宋四大詩人（陸游、范成大、楊萬里、尤袤）之一，找陸游做幕僚。

在好友門下工作，沒什麼拘束，多麼自在愜意！兩人表面上是老闆跟下屬的關係，其實常常相約喝酒喇賽，就像普通的知己好友一樣，可以喝完酒、發發酒瘋，也可以哭么自己的職場倒楣人生，順便抱怨一下沒用的南宋政府。

上司和下屬的關係這麼麻吉，又常常相聚喝酒喇賽，自然容易引起同事的白眼。陸游常被同事譏諷：「不拘禮法，恃酒頹放。」說直白點就是過於散漫，每天喝酒耍廢。陸游毫不在意別人的看法，甚至說：「想跟上司喝點酒都不行呀！你們都說我放浪，不如我就叫自己放翁吧！」

放翁的「放」有曠放、放浪不羈的意思，「翁」就是老頭子。這和唐伯虎說的「別人笑我太瘋癲，我笑他人看不穿。」頗為相似。陸游稱自己為放浪的老頭，背後也大有對家國抱負無法實現的牢騷和辛酸之意。因為仕途不得意，只能喝酒買醉，又遭到同事嘲笑，不如自嘲是「放翁」吧！

陸游此時約莫五十歲，沒有高官厚祿，又屢遭罷免，南宋政府看起來還是活在小確幸中，自己想喝杯酒發牢騷又被同事碎嘴，可想而知，心中有多鬱悶了。

但別光看陸游在四川總是喝酒發牢騷，他入蜀後其實寫下很多優秀的詞作，而且作品風格多樣。來看此時所寫的一首：

茅檐人靜，蓬窗燈暗，春晚連江風雨。林鶯巢燕總無聲，但月夜、常啼杜宇。

催成清淚，驚殘孤夢，又揀深枝飛去。故山猶自不堪聽，況半世、飄然羈旅！

——〈鵲橋仙〉

這闋詞是陸游從南鄭軍旅生活來到成都後所作，春季蕭蕭風雨中，他在屋內的昏暗微燈下，聽到淒厲哀傷的杜宇（杜鵑鳥）啼聲。蜀地人賦予杜鵑鳥一個浪漫悲涼的傳說，相傳蜀王杜宇，號為望帝，他死後化為了杜鵑鳥，因為思念故國，晝夜不斷悲啼，啼哭至嘴角流血不止。

在春季的夜晚，詞人聽到杜鵑的悲鳴，聲聲哀淒，想起了自己大半輩子漂泊無靠的生活，忍不住為此感傷。詞作因杜鵑鳥啼聲而興起感懷，實則寄託了陸游長期位居低位，無以發揮的哀愁。

約莫一兩年後，范成大被召回京，陸游又再一次失業了。接下來幾年他繼續在官場中浮浮沉沉。

回想陸游出生之時就在一艘飄盪的小船上，晚年的仕途生活則是到處輪調、起起伏伏，沒辦法有什麼發揮。他因為主戰思想多次被罷免，去當個幕僚也會失業，內心真的有太多的辛酸無奈。

悲慘事件簿Ｖ：媽寶的婚姻是一場悲劇

除了官場不順遂，陸游的愛情也是相當悲慘。他年少時娶了唐琬，唐琬個性溫婉、才華洋溢，婚後兩人感情非常好。可是陸游的母親十分討厭唐琬，唐琬個性再好都沒有辦法得到陸媽媽的喜愛，這就是讓男人寒毛直豎的婆媳戰爭，一邊是母親，一邊是妻子，卡在中間，裡外不是人。

婆媳戰爭在現代家庭是很棘手的事，在古代又更麻煩了！所謂「父母之命，媒妁之言。」就是不能自由戀愛，爸媽指定的愛情對象永遠是對的，在這樣根深柢固的傳統觀念下，陸游別無選擇，只能和唐琬分開。

習慣自由戀愛的現代人肯定看不下去，怎麼可以只聽媽媽的話就休掉妻子呢？這樣的行為跟媽寶有什麼兩樣？

封建禮教約束了人的愛情，渺小的個體難以違背社會的整體價值觀。

有首漢代樂府詩叫做〈孔雀東南飛〉，寫的是發生在東漢末年的婆媳戰爭，導致廬江府小吏焦仲卿和妻子劉蘭芝最終殉情自殺的故事。劉蘭芝貼心又聰慧，詩中說她：「十三能織素，十四學裁衣。十五彈箜篌，十六誦詩書。」是十八般武藝樣樣精通的才女，但是一樣的悲劇又上演了，焦媽媽看劉蘭芝就是不順眼。

討厭一個人有時候不需要理由，因為焦媽媽的反對，焦仲卿休了劉蘭芝，劉蘭芝也被迫改嫁給他人，但是卻在出嫁的路上跳水自殺了！焦仲卿得知劉蘭芝自殺後，上吊於樹上。這場愛情最終換來兩人的死亡。

難道古代男人都是媽寶嗎？古代人認為婚姻大事要由父母認可，所以我們不能只怪罪陸游是個媽寶，這不完全是陸游個人的問題，而是受到封建體制、傳統禮教影響造成的悲劇。

陸游和唐琬分開十年後，某個春日黃昏，他來到紹興的沈園遊玩散心。疊石假山和碧綠的池子相映成趣，水石交映的園林，茂盛的綠樹和百花顯現了盎然的春意。陸游獨自坐在小亭中，在樹影交疊之後，看到一個嫵媚的倩影緩緩走來，定睛一看，這個佳人不就是他十年來不斷想念的人嗎？

唐琬是和現任夫君趙士程一起來沈園遊賞，陸游在沈園和前妻偶然相遇，陸游不知所措地愣在那裡，內心夾雜著遺憾、痛苦、悲憤的情緒。唐琬看著陸游，兩人的目光交集在一起，流露出想要訴說千言萬語的神情。

陸游想起兩人過往相處的回憶，眼淚忍不住潸潸落下，提起筆在牆上寫下了〈釵頭鳳〉：

紅酥手，黃縢酒，滿城春色宮牆柳。東風惡，歡情薄。一懷愁緒，幾年離索。錯、錯、錯。

春如舊，人空瘦，淚痕紅浥鮫綃透。桃花落，閒池閣。山盟雖在，錦書難託。莫、莫、莫！

上半片形容唐琬的手紅潤美麗，並捧著黃縢酒。「黃縢酒」指的是用黃紙封的酒，為官釀的酒，點明他們在共賞春色之餘喝著酒。然而情緒一轉，原本應該是和煦清爽的春風，在陸游筆下卻成了東風惡，這可惡的東風吹散他們之間的愛情，轉眼間就是多年的分離。

連續三個「錯」字，點明內心的沉痛和遺憾。以為是短暫的離別，沒想到卻錯過了一生。

下片寫春天依舊，人卻已消瘦，唯有淚痕沾濕身上的薄紗。飄零的桃花凋落在池塘樓閣上，明明是美好春景，眼前的一花一木都足以令人心碎。山盟海誓還在，但是再也難以用書信傳遞愛情。

曾經相愛的兩人，再次相遇卻是時隔多年，而且早就各自婚嫁。張愛玲說過：「也許愛不是熱情，也不是懷念，不過是歲月，年深月久成了生活的一部分。」這份愛隨著時光荏苒，仍舊在他們各自的生命裡發酵，卻已經回不去了。

隔年春天，唐琬獨自一人又來到沈園。她回想起去年和陸游的久別重逢，結果抬頭瞧見陸游寫的〈釵頭鳳〉，不由得眼眶含淚，在牆上也和了一首〈釵頭鳳〉：

世情薄，人情惡，雨送黃昏花易落。曉風乾，淚痕殘，欲箋心事，獨語斜欄。難！難！難！

人成各，今非昨，病魂常似鞦韆索。角聲寒，夜闌珊，怕人尋問，咽淚妝歡。瞞！瞞！瞞！

意思是：我想把心事好好地寫下，但萬般思緒難以描摹，只好將虛弱的身體倚靠欄杆獨自私語。在深夜中，怕人詢問起心事，於是強顏歡笑，努力打起精神。

唐琬的後夫趙士程待她雖好，但她與陸游的過往，已釀成一缸蜜。它是歲月難以抹去的甜，卻也成了令人心碎的毒。

這次遊園之後，往昔的美好回憶不斷侵蝕著唐琬的內心深處，使她抑鬱成疾，沒多久就過世了。陸游思念前妻所寫的詞，也成為令她香消玉殞之作。

悲慘事件簿VI：老了還不忘提當年勇

陸游晚年生活歷經幾次官場浮沉，六十五歲後長期隱居在山陰老家。古代能夠活到六、七十歲是非常稀罕的事情，陸游卻活到了八十五歲。他在最後的人生歲月中，雖然隱居起來過著農耕生活，卻始終不忘收復國土，三不五時就向朝廷提出抗戰的主張，但不論他如何奮力疾呼，也沒有人理睬他。

老年以後的陸游，時常望著北方，在心裡作著一個遠大的夢。

壯歲從戎，曾是氣吞殘虜。陣雲高、狼煙夜舉。朱顏青鬢，擁雕戈西戍。笑儒冠自來多誤。

功名夢斷，卻泛扁舟吳楚。漫悲歌、傷懷弔古。煙波無際，望秦關何處？

嘆流年又成虛度！

這首〈謝池春〉提到自己壯年從軍的事情，當年雄姿英發、氣概無敵，持著長戈鎮守疆域，還嘲笑那些不上場作戰的儒生多誤家國。下片卻感傷時光虛度、功名是一場夢未能實現，對照出過往的風光，無限感慨。

再看一首他重提當年從軍樂的〈訴衷情〉：

當年萬里覓封侯，匹馬戍梁州。關河夢斷何處？塵暗舊貂裘。胡未滅，鬢先秋，淚空流。此生誰料，心在天山，身老滄洲！

一開頭就提到往日遠赴萬里外的邊疆尋找建功機會，單槍匹馬戍守著梁州，而過去的英雄歲月都只能在夢裡回憶。外族都還沒剿滅，我的頭髮卻已經斑白如秋霜。誰能料到自己這一生心都在前線作戰，身體卻老於此。

陸游的詞中充斥著遙想當年壯志，如今卻已不堪的情懷。他從軍的時光其實只有短短幾年，在官場人生中多數時候都被罷免，但當兵的事蹟卻是他詩詞中的主軸。他這輩子最接近復國理想就是那段從軍的日子，也是他唯一能拿著兵器、披上鎧甲的歲月。

小結

陸游這一生過得很淒涼，考科舉時遇到黑箱舞弊、仕途接連不順，也無法和愛妻長相廝守。然而不管人生有多坎坷，反攻復國始終是他貫徹一生的志業。臨死之前他躺在床上奄奄一息，仍不忘告誡子孫：「王師北定中原日，家祭無忘告乃翁。」哪一天南宋政府安定了北方，也要上柱香告訴我啊！

陸游有著很深厚的家國情懷，詞作中時常遙想當年從軍激昂的自己，也想像收回北方土地的榮耀。陸游的夢很美，儘管最終沒有實現，但透過他的詞作，彷彿看到一個佝僂的老人身影面向故土，眼神炯炯有神，癡癡地看著北方山河，心裡作著那個未完待續的抗戰夢。

以南宋的國力而言，他的夢是這麼癡傻，卻傻得很真誠、很堅定。雖千萬人吾往矣，他是南宋愛國文人陸游！

第9章

純愛男男戀的BL主角——陳維崧

陳維崧
徐紫雲

純愛BL的詞人代表

在現代社會，不論是什麼性別認同都可以自由戀愛、結婚，同性戀已不再是一個禁忌的話題。其實在古代，史書上屢屢可見男性文人愛好年輕貌美的男子的紀錄，比方說很多文人愛養孌童，「孌童」指的就是年輕清秀的男子，是古代男色文化的代表。

古代養孌童的有哪些文人呢？隨便舉幾個例子可能讓你嚇一大跳，原來他們都有這些愛好！像是中唐的大文豪白居易、晚明小品文的大咖張岱、清代書畫天才鄭板橋，這些有名的大才子雖有妻妾，但也養了不少孌童。

到了明清，養孌童的風氣又更為流行，變成了一種社會風俗。明末國家衰敗，社會風氣頹喪，但是商業卻高度發展，文人沉浸在聲色犬馬的小確幸中，喜歡狎妓、養孌童、好男風，張岱年少時就花了大把銀子在歌妓跟孌童身上。即使入清，喜歡男風的風氣也沒有式微，因此明清文人有了妻子，卻同時狎妓、養孌童、找男妓，在當時社會不是什麼了不得的大事。

我的身邊也不乏女性友人熱衷於ＢＬ的漫畫與小說，可謂是「一入腐門深似海」，有些腐友甚至覺得男朋友被男生搶走也沒關係，輸給同性總比敗給異性正妹好，以後還可以跟前男友當好姐妹。對於有腐女魂和理解同性戀的朋友們而言，人與人的相知不必局限在一男一女的關係中。

這章我們要來介紹陳維崧，對於多數人來說，陳維崧可能是一個非常陌生的名字，他是明末清初著名才子，引領清初詞壇。他的詞風以沉鬱豪放為主，但是卻把一生的溫柔留給歌僮徐紫雲，他們彼此珍愛的故事絕對可以翻拍成為純愛ＢＬ劇，在古代也是常被稱頌的ＣＰ組合，陳維崧寫下的許多詩詞都見證了他和徐紫雲之間的真誠情感。

和老爸一起吃喝嫖賭的富二代

講陳維崧就先談談他的家世，他的祖父輩曾經當過高官，父親又是明朝有名的文人陳貞慧，所以小時候不愁吃穿，日子過得十分愜意。而且聽說他五、六歲就能吟詩作對，十歲能寫駢文，是個天才神童。家裡有錢又是天才，從小自然得到眾人欽羨的目光。

十五歲那年，對陳維崧來說是一生很重要的回憶，他將見識到大人吃喝嫖賭的世界有多好玩。當時他的父親去金陵考科舉，也帶著年少的陳維崧入金陵，既然有個超級文人老爸，老爸的好友也是文人，陳貞慧的朋友名單一打開都是明末最著名的才子，例如侯方域、冒襄等人。

年少的陳維崧跟著老爸來到秦淮認識這些大名鼎鼎的文人，平時除了吟詩作對，當然也會泡泡妞，一起吃喝嫖賭。秦淮一帶什麼沒有，有的是聲色場所，最美、最有才華的歌妓都在這裡嶄露頭角。

時代的末期常伴隨著一種怪異的現象，就是文人會沉浸在自己的小世界中。晚明尤其明顯，這是個悲涼卻又美好的時代。大明王朝的太陽正在向下沉落，宦官亂政、皇帝昏庸，文人感受到末世的蕭頹，有心卻無能為力，於是更加沉迷縱情聲色和微小的幸福中。所以你會發現晚明小品文的題材大多和看花、看月、下棋、泡茶、嫖妓等小確幸有關，他們在追憶、追念已經消逝的美好。

陳維崧親眼見識父親和這些文人夜夜揮霍千金，他們一起縱飲狂歌，那樣的場景多麼快樂熱鬧！桌上擺滿佳餚，隨便一道酒菜便極其奢侈，歌妓在旁彈奏琵琶，侯方域、冒襄覺得開心就隨意打賞，出手十分闊綽，宴席上徹夜都是歡樂的笑聲。

後來，他寫下很多留戀江南的詞，懷念這段年少輕狂的日子。

江南憶，最好是清歈。一曲琵琶彈賀老，三更絃索響柔奴。此事豔東吳。

——〈望江南〉

重五節，記得在金陵。綠水沒腰連夜雨，錦帆銜尾半河燈。往事思騰騰。

——〈望江南〉

一首首〈望江南〉，歌詞中描寫遊船上歌妓清亮的歌聲、琵琶管弦聲。黑夜中點上燭火，依舊璀璨繁華，湖面畫船如織，處處皆遊客，這是古代人的夜唱和開 party。當時的陳維崧並不知道，快樂的放浪歲月，往後卻只能在亡國離亂中緬懷遙想。

雖然出生在動亂的明末，但從十多歲起，陳維崧就跟著老爸和一群文人享樂，體會過極致的奢華享受。年少就得到眾人掌聲的他，對未來充滿憧憬。然而，你以為萬貫家財是永恆的嗎？年少的青春是永恆的嗎？曾經穩固的王朝終究也會在歷史舞台中凋零。

水繪園邂逅相知相惜

大明的太陽最終還是落下，只留下一抹餘暉在明朝遺民心中。崇禎十七年，陳維崧二十歲，正值青年才俊該盡情發揮的年歲，卻是李自成攻陷京城之時，隨著崇禎皇帝親手結束自己的生命，明朝繼而滅亡。

明朝的滅亡不僅是改朝換代的亡國之痛，而是在胡漢對立上的文化難容，對明朝人而言，要被外族統治，是心理上不能忍受的屈辱和痛苦。認同明朝政權的遺民們，紛紛作了不同選擇，有的人誓死抗清、不願苟活，像是陳維崧的老師陳子龍，最終因為抗清而死；也有人選擇隱居，陳維崧的父親陳貞慧投入抗清的行列，兵敗後便長期隱居於家鄉。

這些心繫明朝的人們，走上了不同的道路，但他們內心深處都蒙上了一層國破家亡的陰影。亡國後，陳維崧多和父親的友人在家鄉作伴，但是在他三十出頭時，陳貞慧過世了，原本已經家道中落的陳家，失去了最重要的支柱，陳維崧開始四處漂泊，過了一段流亡飄散、沒有依歸的生活。

所幸，當年曾一起縱情享樂的明末四公子之一冒襄收留了陳維崧，讓他借居在水繪園中。江南園林水繪園，幽靜的迴廊鑲著灰石窗花，另一頭是雅致的水池，白色的梅花花瓣片片落在池中。陳維崧獨自在水池邊漫步，他舉起手捧著飄落的朵朵梅花，「花朵會凋謝，那人呢？」陳維崧惆悵地思索著。

正當他悵然若失之時，耳邊傳來陣陣的簫聲，沿著簫聲向前走，眼前是一個身穿白衣，樣貌清秀、舉止優雅的男子，細白的手指按在簫上，發出悠揚的樂曲。

「這裡真的是人間仙境？美好的一切在這裡或許都可以永恆，不再消失了吧？」簫聲撫慰了陳維崧深刻感受到世事無常的心，在這一刻，他覺得眼前人便是自己的知音。

吹簫聲的男子是水繪園中的童伶徐紫雲，他有一顆體貼開朗的心，又能歌善舞、精通詩詞，賣身替園林中的主人和客人表演。徐紫雲抬起頭看著陳維崧，禮貌地收起簫，向他微微一笑、拱手作揖，陳維崧也予以禮貌地回應。

他們初次相逢是在梅花盛開的水繪園中，水繪園就像是一座與世隔絕的仙境，隔絕明朝滅亡的陰霾，也阻隔了清朝政權在外穩固建立的事實。享受過人間富貴，卻又面臨國破家亡的痛苦，加上明亡後科考屢試不第，陳維崧的內心有著訴不盡的痛苦，但是在水繪園裡卻可以暫時逃離那些不堪的現實，也唯有徐紫雲的溫柔體貼能給他帶來安慰。

冒襄得知兩人的心意，假裝為難陳維崧，想測試一下他們的關係。冒襄將徐紫雲綁住杖打，大聲斥責他狐媚客人。陳維崧得知消息後，匆匆地趕去向冒襄的母親求情。

「這一切都是我的過錯，別傷害紫雲。」陳維崧神色緊張，在冒襄母親前長跪不起。

冒襄經過母親的勸解，明白他們二人對彼此是真心誠意，於是向陳維崧提出寫出詠梅詩一百首，便讓徐紫雲常伴他左右的要求。陳維崧一聽大喜，一百首詩對才子而言是小事一件，過沒幾天他就順利寫完詩作，從此紫雲就在身邊陪伴照顧他。

一顆受傷的心和另一顆細膩溫暖的心相遇，陳維崧和徐紫雲在朝夕相處中漸漸地培養出對於彼此的默契。當陳維崧外出時，徐紫雲時常在書房等待他回來，眼見天色已黑，蠟燭都已流乾，主人尚未歸來，徐紫雲睡眼惺忪地揉揉眼睛，拿起筆墨留下詞作，再依依不捨地離去。

陳維崧回來後看到桌上的詞作，就知道徐紫雲在書房裡苦苦等他，想到那憔悴等待的身影，也提筆寫詞相和。

如塵如夢如絲，脈脈意誰知。歸來恨晚，休搖屈戌，慢叩罘罳。

一陣碧虛窗外雨，三通鼓，人去多時。空留彩句，蜜花箋淡，鳳脛燈攲。

——〈極相思．夜飲友人所阿雲待余不至留詞而去歸後和之〉

深夜返家來不及見知音人，在惆悵中又有脈脈情意竄流。「屈戌」指的是門窗上的環紐，至於「罘罳」這兩個讓人看了一頭霧水的字唸ㄈㄨˊㄙ，指的是漂亮的屏風。陳維崧回來時已深夜，「休搖屈戌、慢扣罘罳」點出他動作輕緩的樣子，深怕打擾了徐紫雲的休息。沒想到進到房內，發現徐紫雲已離去多時，徒留一盞斜燈和燈下的箋紙詞句。

陳維崧若要外出離開徐紫雲，即使是短暫分離也非常捨不得，可見二人形影不離，所以他寫過許多關於離別的作品。

吳霜點鬢，客況文情都落盡。檢點行裝，淚滴珍珠疊滿箱。并州曾到，也擬開懷還一笑。塵務相牽，執手雲郎送上船。

——〈減字木蘭花〉

整理行裝的同時，因為暫時看不到對方，想到這裡眼淚就如珍珠落下。即使到了上船分離的那一刻，陳維崧依然戀戀不捨地握住徐紫雲的手，輕輕向他道別。

兩個人的初次相遇，在一片梅花紛飛之際，也許第一次眼神交會，他們就知道眼前人會是知己。但是他們深厚的情感，卻是在日常瑣碎的小事中培養，漸漸發展成化不開的情意，再也無法離開對方。在這座遺世獨立的園林中，陳維崧和徐紫雲相遇相知，過了七年多逍遙避世的生活。

仕宦無常中相依扶持

傳統社會重視生兒育女，徐紫雲成年以後仍舊要娶妻生子。有一首詞作相傳就是陳維崧祝賀徐紫雲娶妻所寫，描寫新婚夜晚卻處處流露辛酸苦楚的心情。

小酌荼蘼釀，喜今朝、釵光鬢影，燈前滉漾。隔著屏風喧笑語，報到雀翅初上。又悄把、檀奴偷相。撲朔雌雄渾不辨，但臨風、私取春弓量。送爾去，揭鴛帳。

六年孤館相偎傍。最難忘、紅蕤枕畔，淚花輕揚。了爾一生花燭事，宛轉婦隨夫唱。努力做、稾砧模樣。只我羅衾寒似鐵，擁桃笙難得紗窗亮。休為我，再惆悵。

——〈賀新郎〉

上片透過釵光、華燈、喧笑聲勾染出華麗歡樂的新婚場景。「檀奴偷相」中的檀奴是晉代帥哥潘岳的字，在這裡指的是徐紫雲的樣貌秀美，而「私取春弓量」中的春弓是古代女子纏足所穿的弓鞋，在這指的是紫雲的小腳。在陳維崧眼中，徐紫雲是如此的美麗，最終他卻只能無奈地送徐紫雲去洞房花燭。

下片談到他們過去相互扶持陪伴的那些時光，在相伴中培養了深厚的情感，如今卻要勉勵徐紫雲努力做個好丈夫、要有丈夫的模樣。「稾砧」唸ㄍㄠˇ ㄓㄣ，原本是切草時要用的砧板，切草的刀子是用「鈇」這個工具來切，「鈇」和「稾砧」搭配可以切草，因為「鈇」音和丈夫的「夫」一樣，所以「稾砧」後來就用來借指丈夫。「努力做、稾砧模樣。」一句話道盡了男兒身女兒心的悲涼。

眼睜睜地看著相愛的人去婚禮現場，卻也只能表示祝福，這絕對是撕心裂肺的痛。但詞的最後「休為我，再惆悵。」看似語氣平淡地叫徐紫雲別再牽掛自己，但是越平淡越能顯得他對徐紫雲的深情，因為他一心一意替對方著想，希望不要讓徐紫雲為難。

縱然兩人都有了妻子，並未影響他們陪伴在彼此身邊的時光。陳維崧入清以後科舉接連落榜，除了才華，他其實一無所有，而徐紫雲都默默相伴左右。

說實在的，他們的情意對彼此的妻子並不公平——你們既然相愛，為什麼還要讓無辜的女子受傷呢？但是古代社會，不能用我們現在的愛情觀來理解，現代很多人可以當頂客族，不生小孩，享受甜蜜的兩人世界，但是以前沒有生下後代遭受的冷言冷語，遠比三妻四妾、同性相愛還要嚴重。

陳維崧沉寂良久，已經中年的他打算北上發展，這趟遠行暫時要和紫雲分開了。離開水繪園之時，陳維崧找來畫師繪製〈紫雲出浴圖〉，替徐紫雲繪圖留作紀念，隨身攜帶，以解相思之愁。

〈紫雲出浴圖〉是為了紀念陳徐二人的粉紅泡泡，構圖是徐紫雲坐在磐石上，穿了件輕薄的衣衫，衣衫還開衩到胸口，同時露出了手肘和小腿，看起來非常性感。

別以為這幅圖畫會讓陳維崧被眾人嘲笑，相反地，當時引起眾多文人響應，紛紛為畫題詩吟誦。這個行為其實也很像現在有些情侶喜歡拍恩愛照在臉書打卡放閃，迫不及待要向全世界證明我們的愛。

文人爭相吟詠，可能讓你跌破眼鏡！明清文人的社會觀，某種程度上或許比現代人還開放。曬愛人美照的男友，是文壇有大大影響力的人，而

紫雲出浴圖

圖中的主角，又是當時人們爭相想一睹風采的網紅，於是好友圈們紛紛在下方按讚喝采、寫幾句話讚揚。後來，陳維崧和徐紫雲的真情，幾乎傳遍各大媒體，為人津津樂道。

感情的火熱，讓陳維崧上了頭條新聞，但並沒有帶來事業上的高峰，他又一次在科考中落榜了。身為娛樂圈和文壇的頭號人物又如何？想進入仕途何其困難！仕途無望，陳維崧四處遊歷後，回到了江蘇老家，返家後徐紫雲也多陪伴在身邊。

徐紫雲自年少和陳維崧相識，有整整十多年的時間，大多陪在陳維崧身邊。一個癡情的童伶，沒有高貴的出身，但用了超過大半的生命歲月陪伴主人。然而，圖畫也許能留住徐紫雲那一刻的神韻倩影，卻留不住他的生命，才三十二歲的徐紫雲便因病離開人世了。

陳維崧寫過許多和徐紫雲分離後的相思之作，這次的離別卻不是暫別，而是永別。

徐紫雲離開的時候，是令人斷魂的清明前後，正是細雨紛紛的時節。雨霏霏地落在大地上，陳維崧癡癡地望著矮小的黃土墳，在濛濛雨絲中他看到了紫雲的身影——當年他們第一次見面，紫雲才十五歲，在雪白的梅花落下之際，水繪園裡那暗香疏影的場景如夢如幻，像是眼前的雨，蒼茫、迷濛。

君知否？三兩日春衫，為汝重重啼透。多人瘦，定來歲今朝，紙錢掛處，顆顆長紅豆。

——〈摸魚兒．清明感舊〉

清明時節穿的春衫，或許是因為雨，也可能是因為淚，衣衫都為你濕透了。掛的紙錢，長滿化不開的相思。

愛人驟逝，過去一起擁有的種種美好回憶，都會勾起陳維崧心中的思念。陳維崧的一生大多在飄泊，他和徐紫雲待過南方秀麗之地，也去過北方遊歷，他們浪跡天涯過的地方太多太遠。紫雲離開後隔一年，陳維崧獨自經過他們曾一同下榻過的酒樓，寫下：

當時尚有玲瓏在，憑欄唱、落葉哀蟬。可惜是、聲聲紅豆，憶來大半難全。

——〈五綵结同心過惠山蔣氏酒樓感舊〉

陳維崧在房內，想到去年徐紫雲才與他同住於此，酒樓還是一樣的地方，可惜的是知音人早已不再，充滿了物是人非的滄桑悲痛。

我們總以為時間是最好的良藥，可以治癒一個人的傷口。但是很多很多年以後，時光並沒有沖淡陳維崧對徐紫雲的思念。他的牆上一直掛著一把三弦，那是紫雲當年掛在牆上的樂器，如今上面布滿了灰塵，已經很久沒有人再拿來彈奏。

陳維崧默默看著那把三弦良久，想起了月夜中，徐紫雲纖纖玉手輕撫的三弦聲，那樣的景色和眼前的人猶如圖畫一般……被舊物勾起回憶的他忍不住淚如雨下。

一曲琵琶者。月黑楓青，輕攏細砑。此景堪圖畫。今日愴，人琴淚如鉛瀉，一聲聲是，雨窗閑話。

——〈瑞龍吟・春夜見壁間三弦子是雲郎舊物感而填詞〉

「人琴淚如鉛瀉」，陳維崧寫出自己難以克制情緒，眼淚不斷地淌下。活著的他，只能活在回憶和思念之中，睹物思人，作著心裡不願意醒來的夢，這是何等的痛苦？

小結

看著這些陳維崧為徐紫雲寫下的詞作，你很難想像他是以豪放沉鬱風格為主的詞人，因為他把此生的柔情都留給了紫雲，而徐紫雲也用他人生大半的歲月相伴。

可能有些人會開玩笑，說他們真是「好基友」，但也許這個世上，至深的情感，常常是離經背道的，很難用二分法去理解，也很難用常理去套入。

我當為爾千徘徊，徐郎、徐郎，我當為爾千徘徊。

——〈徐郎曲〉

我這一生只願為你千次徘徊、只為你留戀。哪怕再苦，都只為你駐留塵世。

儘管這段關係悖逆、不合世俗的規範，與世間所有情感相通的是，只要是真正的情意、真正的投入，所留下的作品都足以在幾百年、幾千年後，撥動人們的心弦。

第10章

讓少女們嚮往的早逝情歌王子——納蘭性德

納蘭性德

高富帥的歐巴

多數詞人都是窮酸魯蛇，溫庭筠長得很抱歉，辛棄疾終生都是低階公務員，柳永老是考不上國考，難不成古代流行音樂圈都是廢渣的聚集地？別急，高富帥的男神也是有的，這章來介紹令許多少女們都為之瘋狂的情歌王子納蘭性德。

近年來清宮劇十分流行，像是《步步驚心》、《後宮甄環傳》、《延禧攻略》、《如懿傳》等，男女主角都是顏值擔當，上演動人的愛情戲碼。影視作品如果以康熙年間為背景，有時也會有納蘭性德的戲份，演出者都是帥哥，例如鍾漢良、張彬彬，因為納蘭性德確實是美男子。而所謂「人生如戲，戲如人生」，納蘭性德的一生便是最精采、最虐心的清宮大戲。

納蘭性德本名納蘭容若，出身超越一般富二代，所有小康文人在他的家世面前都得低頭。康熙皇帝是納蘭性德的表哥，所以他是皇帝的親戚，而他父親則是康熙皇帝身邊的大紅人納蘭明珠，母親愛新覺羅氏是一品誥命夫人，一家都是權貴。至於他們的家族納蘭氏隸屬正黃旗，是清初滿族顯貴的八大姓之一，這身家不容小覷，可是當時的大豪門。

有這樣的豪門家世，含著金湯匙出生的納蘭性德上學當然是去貴族學校，還能請全大清最好的老師當家教。納蘭性德自幼受到最好的栽培，精通騎馬射箭、經史詩詞，書法繪畫也十分了得！不過，文武雙全、多才多藝的他，並沒有因為身在豪門，養成暴發戶的驕縱氣息，舉手投足之間都是紳士般的氣宇軒昂，氣度非凡。

一般富貴子弟大多愛炫富泡妞，納蘭性德對這些惡習不屑一顧，最大的興趣是鑽研學問和詩詞，一心想當個文人雅士，並且投入官場，經世濟民。身在富貴之家，卻不沾染世俗慾望和政治鬥爭，對名利和富貴看得極淡，可說是韓劇中才會出現的極品歐巴。

愛好詩書的納蘭性德十九歲就高中舉人，可惜赴殿試前一天重病不起，但是無所謂，有實力的他三年後依舊金榜題名。高中科舉後，康熙皇帝非常喜歡納蘭性德，將他留在身邊當侍衛，還一路提拔他為一等侍衛。別以為他只是普通的保鑣，一等侍衛是皇帝身邊的親信，官階和薪水都非常高，而皇帝走到哪，納蘭性德就跟到哪，簡直是走路有風！

有錢人的高級煩惱

納蘭性德既然出身豪門，又成為康熙皇帝跟前的紅人，應該沒有什麼煩惱才是，但納蘭詞最大的特色卻是「幽怨深情」，好友顧貞觀甚至這樣評價：「容若詞一種悽惋處，令人不能卒讀。」納蘭詞中透露的悲傷往往讓人無法情緒平和地讀下去。

都已經是豪門大帥哥了，納蘭性德究竟在煩惱什麼呢？

一般文人都想享有榮華富貴，考取高階公務員得到安穩的生活，但納蘭性德最大的願望是獲得精神上的自由。他出生在善於爭權奪利的納蘭家，雖然不愁吃穿，享有物質上的豐沛，卻從小冷眼旁觀父親如何賣官、如何結黨營私，將權力和財富當作手段，不斷擴大自己的勢力。而他的母親則是個悍婦，他兒時並沒有得到父母太多的關愛。

鳥兒關在鑲有金玉的籠子裡，天天餵著最好的食物，也沒有辦法自由地飛翔。家庭背景讓納蘭性德注定無法自由高飛，高中科舉後，原以為可以當一名好官，對國家和人民有所幫助；或是成為風流自在的文人雅士，繼續在翰林院深造。但是康熙親自挑選他為御前侍衛，這個人人眼中的爽缺，帶來的卻是夢想的幻滅。

納蘭性德曾說：「人各有情，不能相強。使得為清時之賀監，放浪江湖；亦何必學漢室之東方，浮沉金馬乎？」與其成為東方朔那樣身不由己的御用文人，不如當個江湖狂客賀知章。對於愛好自由、清心寡慾的納蘭性德而言，與其成為朝堂上被供奉的烏龜，他只想當隻在泥濘中打滾的泥塗之龜，成為一個逍遙自在的江湖狂客。

待在皇帝身邊，雖是當紅親信，但是伴君如伴虎，一不小心就有抄家滅族的災禍上身。納蘭性德是康熙的表弟，個性謹慎又能幹，行事仍不免要小心翼翼。而且康熙是個閒不下來的皇帝，喜歡到處遊歷考察，納蘭性德做為御前侍衛，跟隨皇帝四處訪查，途中的所需，都需要打點，如果康熙興致一來想吟詩作對，納蘭性德也要在一旁寫詩相和。做為御前紅人，身兼保鑣和文學侍從，這個人人眼紅的缺，不僅需要文武雙全，還耗腦又耗力，沒有片刻的休息時間。

後來納蘭性德奉旨出使西域，巡視西域少數民族對大清的忠誠。康熙命他出使西域，可見對他的信任。走出富麗堂皇的清宮，看著邊塞滾滾無垠的黃沙，納蘭性德的事業看似風光，心中卻有說不出的痛苦，因而寫下一首風格滄桑沉鬱的〈蝶戀花〉：

今古河山無定據，畫角聲中，牧馬頻來去。滿目荒涼誰可語？西風吹老丹楓樹。

從來幽怨應無數？鐵馬金戈，青冢黃昏路。一往情深深幾許？深山夕照深秋雨。

詞作中充滿古今興亡的感慨，戰角聲響起，雄壯戰馬奔馳來往，朝代興亡卻不斷更替。即使是曾經鐵馬金戈征戰沙場又如何呢？最終也化作斜陽下的青塚枯骨。對一般人而言，納蘭性德是貴公子，擁有人人稱羨的家世和工作，但是他內心的感慨與深情卻無法向人傾訴。站在黃沙漫天的塞外，他正處於事業最高峰又年輕的二十八歲，卻寫下如此悲涼雄渾的詞，其中有太多生於豪門的無奈，是常人無法理解的。

笑傲人間的至情中人

納蘭性德繪製的書畫，常以蓮花和水流為主題，正如他的清芬不俗，處於人間富貴卻不沾染一絲汙濁。

愛好自由的納蘭性德，人在宮中，但是結交的朋友多為江湖遊士、明末遺民。對於滿人貴族而言，和明末遺民結交很容易惹來非議，稍一不慎可能惹來殺身之禍。但是納蘭性德並不在意世俗的眼光，他面對江湖豪客、明末遺民都以至誠真心相交。

納蘭性德一生最重要的知己是顧貞觀，顧貞觀長納蘭性德十八歲，兩人是一輩子的忘年之交。顧貞觀為明末東林黨人的後代，後來高中舉人成為國史館典籍，負責編纂清朝的歷史。但他進入官場後，感受到層層壓迫的官僚作風，看見官員們成天拉幫結派、勾心鬥角，他毅然地辭去官職，成為一個江湖遊士。

納蘭性德非常欣賞顧貞觀的才華與性格，也深知他愛好自由、不想被束縛，為了把顧貞觀留在身邊，他特別興建幾座茅草屋在納蘭府。富麗堂皇的納蘭府有茅草屋顯得非常不協調，但他知道顧貞觀住不慣金碧輝煌的地方，特別在府中打造幾座茅屋。兩人時常在茅草屋中把酒言歡、暢談古今，有首詞〈滿江紅・茅屋新成卻賦〉便描寫納蘭性德與顧貞觀在茅草屋中的自在生活：

問我何心？卻構此，三楹茅屋。可學得，海鷗無事，閒飛閒宿。百感都隨流水去，一身還被浮名束。誤東風遲日杏花天，紅牙曲。

塵土夢，蕉中鹿。翻覆手，看棋局。且耽閒殢酒，消他薄福。雪後誰遮簷角翠，雨餘好種牆陰綠。有些些欲說向寒宵，西窗燭。

世事多變，相較於被名利束縛，納蘭性德更希望和顧貞觀可以像海鷗一樣過著自由自在、逍遙飛翔的生活。世事如夢裡的蕉中鹿、翻雲覆雨的棋局，不斷流轉變遷，唯有把握當下，與好友剪燭夜話，是最自在美好的事。詞中可以見到納蘭的單純可愛，對待一個沒有權勢的江湖豪士，沒有任何的高傲自負，只有一片真誠赤心。

和一個沒有官職的江湖人士為伍，就像教授跟黑道做朋友、帥氣明星跟其貌不揚的路人交往，因為身分背景差距甚大，對普通人來說，他們的友誼是極其可笑的。眾人嘲笑他們的友情，但納蘭性德對此毫不在意，他寫過一首〈金縷曲〉送給顧貞觀，表明自己的態度：

德也狂生耳！偶然間，淄塵京國，烏衣門第，有酒惟澆趙州土，誰會成生此意？不信道，遂成知己，青眼高歌俱未老，向尊前，拭盡英雄淚，君不見，月如水。

共君此夜須沉醉，且由他，娥眉謠諑，古今同忌，身世悠悠何足問，冷笑置之而已！尋思起，從頭翻悔，一日心期千劫在，後身緣，恐結他生裏，然諾重，君須記。

納蘭性德說自己是一個狂生，不過是偶然生於京城的富貴之家，代表他不屑富貴，也不認為自己的家世有什麼尊貴不凡之處。「有酒惟澆趙州土」，詞中的趙州士是戰國期間好收食客的平原君，納蘭性德希望像趙國的平原君一樣，可以招募天下賢才，卻少有人能理解他真正的胸懷。

納蘭性德的尊貴不凡並不在於家世，而是他的胸懷與真情，他想像平原君一樣招募天下賢士，如今總算得到了知己顧貞觀。詞中還描寫了兩人擦去感傷的眼淚，喝著酒、高歌一曲，相互安慰勸勉的場景，兩個光明磊落的英雄遭人非議，內心當然憤慨，於是飲酒高歌，排解內心的苦悶。

「且由他，娥眉謠諑，古今同忌，身世悠悠何足問，冷笑置之而已！」面對眾人對他們友誼的嘲笑，納蘭性德的態度是一笑置之而已。真心對待至交，不在意身世的差距、不在意他人的眼光，只是細心呵護這段難得的友誼，還霸氣寫詞回嗆所有嘲笑他們的人，納蘭性德是世間少有的至情之人，甚至在他人有難之時也願意伸出援手。

拔刀相助的江湖情義

顧貞觀有個好朋友叫做吳兆騫，吳兆騫是一名才情洋溢的大才子，懷抱著雄心壯志去參加科考，沒想到卻因為丁酉科場案被牽連，以致於流放寧骨塔。

「丁酉科場案」是順治年間發生的科舉弊案，主考官公開受賄，當年的眾多考生都被牽連，吳兆騫並沒有參與作弊，卻無端遭到苦難，流放至東北苦寒的寧骨塔，受盡折磨。

顧貞觀焦慮地拜託納蘭性德營救吳兆騫，當納蘭性德和顧貞觀認識之時，其實離科考案已經過了十九年，是順治時期的舊案，做為兒子的康熙皇帝，要翻父親的案談何容易？加上這件科考案背後牽涉朝廷中錯綜複雜的權力鬥爭，朝廷也想藉此打壓江南漢族文人，參與此案的話一不小心可能就會陷入險境。

納蘭性德雖然答應營救吳兆騫，但是卻對顧貞觀說：「救援不易，我會全力救他，但是這不是一時三刻的事，希望能以十年為期。」

「人生能有幾個十年呢？吳兆騫在寧古塔受盡折磨，若不救援他，恐怕會死在塞外。希望能以五年為期。」顧貞觀傷心地說道。

五年為期，可以嗎？納蘭性德沒有回應，畢竟這是攸關生死的大事，負責任而遵守承諾的納蘭性德當下並沒有答應。

過了幾天，重情重義的納蘭性德寄了一首詞給顧貞觀：

灑盡無端淚。莫因他、瓊樓寂寞，誤來人世。信道癡兒多厚福，誰遣偏生。莫更著、浮名相累。仕宦何妨如斷梗，只那將、聲影供群吠。天欲問，且休矣。

情深我自判憔悴。轉丁寧、香憐易爇，玉憐輕碎。羨殺軟紅塵裏客，一味醉生夢死。歌與哭、任猜何意。絕塞生還吳季子，算眼前、此外皆閑事。知我者，梁汾耳。

——〈金縷曲‧簡梁汾，時方為吳漢槎作歸計〉

當顧貞觀讀到「絕塞生還吳季子，算眼前、此外皆閑事。」時，眼眶忍不住泛紅了。他知道納蘭性德願意傾盡全力在五年內營救吳兆騫，除了救援吳兆騫外，什麼浮名、仕宦都不重要了。詞的末尾寫道「知我者，梁汾耳。」梁汾指的就是顧貞觀，顧貞觀讀至此，眼淚已忍不住簌簌掉下。

僅僅這首詞，什麼都不必說，便可知納蘭性德必將付出一切相救。

有次，康熙皇帝派人去長白山祭祀，納蘭性德讓吳兆騫寫了篇〈長白山賦〉，通過侍臣的手呈現給康熙，康熙看了後龍顏大悅，問道：「這吳兆騫是誰呀？文章寫得很好呀！」納蘭性德見皇帝喜歡吳兆騫的才華，便將此事一五一十地老實告訴康熙，希望康熙可以釋放吳兆騫。

可惜的是康熙並沒有答應，畢竟這是先帝的案子，做為兒子去翻案實在說不過去。但是納蘭性德並沒有放棄任何拯救吳兆騫的機會，幾年以後發生了以吳三桂為首的三藩之亂，康熙發現不可再一味打壓漢族，籠絡江南漢族文人反而有益於穩固大清政權，趁著大好良機，納蘭性德與他的父親明珠再次向康熙皇帝建議釋放吳兆騫，這次康熙總算允諾了。

吳兆騫歷經二十多年的流放，平安地回到了京城。

君子重視承諾，納蘭性德正好在五年內順利地營救了吳兆騫。

世人的相交多來自利益，一旦利益不再，人情自然變得淡薄。但納蘭性德和吳兆騫素不相識，為了協助好友顧貞觀，不惜將自身的安危拋諸於腦後。

顧貞觀只是個凡夫，對待友情真摯的納蘭性德卻把如此重任擔在自己的肩上，即使再重再苦，他都未曾放棄實現的可能，直到完成自己親口許下的諾言。

刻骨銘心的虐心戀

納蘭性德的一生有過三段刻骨銘心的虐心愛情，三位女子曾經短暫駐足他的生命，帶給他莫大的幸福，卻讓他在分離後飽嘗人生無常的痛苦，造就了他詞風的哀婉悲戚。

初戀縱然甜蜜，也常常伴隨著苦澀和酸楚，納蘭性德就曾有過一段苦澀的初戀。關於他的初戀故事有很多說法，有人說對象為他的表妹，兩人青梅竹馬、兩小無猜，但表妹被選進宮中做天子的女人，納蘭性德每日進出宮中，見到相愛的人，卻無法訴說相思之情。也有人說對象是身分卑微的女子，因為身世的差距，導致這段戀情的幻滅。不論說法是什麼，納蘭性德的初戀不是有情人終成眷屬，而是破碎荒涼的結局。

悲痛欲絕的初戀撕裂納蘭的心，他的一些作品彷彿以悠悠婉轉的文字，道來這段苦澀的愛情。

枕函香，花徑漏。依約相逢，絮語黃昏後。時節薄寒人病酒，剗地梨花，徹夜東風瘦。

掩銀屏，垂翠袖。何處吹簫，脈脈情微逗。腸斷月明紅豆蔻，月似當時，人似當時否？

——〈鬢雲松令・枕函香〉

上片寫回憶起與情人黃昏時相互依偎，夕陽下兩人講著纏綿情話，勾勒出一幅非常浪漫的圖像。然而，往事不論再美、再浪漫，都已成為過往雲煙。下片提到紅豆蔻，豆蔻常用來指青春年華的少女，而紅豆蔻的花蕊是兩瓣並立，也可象徵兩情相悅。月光照在紅豆蔻上，勾起詞人的回憶與相思，看著天空的月亮，依舊皎潔美麗，但是人還能似當時嗎？擁有萬貫家財，卻無法和心愛的女人相戀，這場愛情帶給納蘭性德莫大的悲傷。

心灰意冷的納蘭性德，就在最痛苦的時候，一個改變他生命的女性出現了，即他的結髮妻子盧氏。盧氏是兩廣總督的女兒，和納蘭原本只是門當戶對的婚姻，但是盧氏溫柔體貼，讓納蘭性德漸漸地真心愛上她。

婚後的納蘭性德依舊寫著幽怨悲傷的詞，盧氏體察出納蘭過往有過一段悲傷的戀情，但她並沒有多問，只是貼心地陪伴丈夫，甚至還幫他蒐集這些散落的詩詞紙張。

丈夫寫的詩詞都是為了別的女人，讓盧氏的內心不好受，但是她並沒有責怪納蘭性德，反而默默地陪伴一開始對自己很冷淡的丈夫。而納蘭性德的身體一直以來都不好，盧氏便悉心在旁照料，納蘭性德封閉的心房漸漸被妻子的溫柔體貼打開；盧氏的存在，也替他多憂多慮的生命帶來許多甜蜜。

夫妻二人時常在家一起讀書，朗讀著一首首動人的詩詞。有時則猜猜書頁上的內容在第幾頁，玩得太興奮的時候，一不小心還會打翻茶水，茶香散溢在房內。這種琴瑟合鳴的生活像極了李清照和趙明誠恩愛之時歲月靜好的浪漫，小兩口享受著微不足道的生活點滴，在斜陽下吹著微風，一起慢慢變老。

盧氏的溫柔體貼，令納蘭性德連作夢都想起可愛的髮妻：

客夜怎生過？夢相伴、綺窗吟和。薄嗔佯笑道，若不是恁淒涼，肯來麼？
來去苦匆匆，準擬待、曉鐘敲破。乍偎人，一閃燈花墮，卻對著琉璃火。

——〈尋芳草・蕭寺紀夢〉

這首〈尋芳草・蕭寺紀夢〉是納蘭性德借住在佛寺，深夜獨自一人時，想起美麗可人的妻子，想到他們過往在窗下吟詩相和，還有妻子嬌羞惱人的模樣。

詞中回憶起有次納蘭性德處理公事，不小心辦理太晚，一回到家妻子就生氣地對納蘭性德說：「若不是寒夜寂寞，你還知道回來嗎？」納蘭性德知道她正在生氣，心疼自己身體病弱，卻不願負王命，在外拚命地工作。妻子嬌羞氣悶的可愛模樣，是納蘭性德夢中都會想起的身影。

納蘭性德苦澀又平淡的生活，因為愛妻的出現，增添了不少幸福和情趣。和妻子盧氏相處的幾年時光，絕對是納蘭性德這一生最快樂、最美好的日子。

然而，上天總喜歡和有情人開玩笑，妻子盧氏嫁給納蘭性德三年左右，便因為難產重病，只能長期臥病在床。眼看年輕貌美的妻子身體漸漸衰弱枯瘦，納蘭性德焦急地找來京城最好的名醫，妻子的病卻始終沒有好轉。

納蘭性德做了最大的努力，他夜夜在床邊陪伴病弱的盧氏，親手餵妻子喝湯藥，這一切只為了留住妻子的性命，但最終愛妻盧氏還是永遠地離開了。

康熙十六年五月三十號，愛妻離開人世的那天，納蘭性德年僅二十三歲，一個豪門翩翩貴公子，一夜之間不再瀟灑風流，他沉浸在悲傷的深淵中不可自拔。

盧氏過世後並沒有馬上下葬，長達一年多以上的時間才入土。

古代關於葬禮有個禮制叫「停靈」，未亡人會將屍體先安放寺廟或家中不下葬。如果是有錢人家，停靈的時間越長，因為停靈能彰顯死者的身分，也顯示生者對死者的思念。清朝時規定，親王停靈一年，但是盧氏停靈的時間卻超過了一年，這明顯違反了禮制，但為什麼盧氏的屍首長期沒有入土呢？因為納蘭性德想陪在妻子的身邊，遲遲不願讓愛妻的屍體埋葬在長年黑暗的土裡。

盧氏的屍體長期安放在京城的雙林禪院，納蘭性德只要一有空就會去看妻子，回憶兩人曾經擁有的幸福。有次深夜，納蘭性德在雙林禪院的房內讀書，月光籠罩著楊枝，朦朧而淒美的月光下，突然見到妻子輕聲勸他早點休息，又拿了一件外袍給納蘭性德披上。

挑燈坐，坐久憶年時。薄霧籠花嬌欲泣，夜深微月下楊枝。催道太眠遲。
憔悴去，此恨有誰知。天上人間俱悵望，經聲佛火兩淒迷。未夢已先疑。

——〈望江南〉

然而這美好的日常卻只是往事，妻子的倩影彷彿還在，卻已如夢如幻；兩個人注定一個在天上，一個在人間，永遠的天人永隔。醒來後，昏黃的佛寺燈火籠罩著他，耳邊傳來僧人的唸經聲。佇立在佛寺裡，消解我執的經聲不斷傳來，無常卻讓有情人陷入了執著的痛苦。

塵緣未斷，妻子死後，天地間一花一葉都足以勾起納蘭性德的哀傷情緒，於是他寫下許多悼念愛妻的詞，每一首都淒婉動人。

誰念西風獨自涼，蕭蕭黃葉閉疏窗。沉思往事立殘陽。被酒莫驚春睡重，賭書消得潑茶香。當時只道是尋常。

——〈浣溪紗〉

秋季的西風吹來，蕭蕭黃葉飄零而下，殘陽下，納蘭性德一個人站在院子中回憶過往。過去與愛妻喝醉酒熟睡、吟時作對、賭書潑茶的小幸福，以前都只認為是尋常平淡的日常，如今這些平凡的快樂卻回不去了。

過去未曾擁有的事物，突然擁有了會讓人感到美好。如果一直都擁有的，就難以發現這些就在身邊的平淡幸福，一旦失去後便再也沒有辦法回到從前。看似清清淡淡的一首詞，不過度宣洩悲痛的情感，反而更顯詞人失去以後，內心的寂寞和痛苦。

拋卻無端恨轉長，慈雲稽首返生香。妙蓮花說試推詳。

——〈浣溪紗．拋卻無端恨轉長〉

曾經美好的一雙璧人，如今分隔兩地，難以再相遇。深受儒家治國平天下影響的納蘭性德，後來卻常常跪在佛像前唸佛經祈求。因為佛教相信人死後還有來生，他知道現世已經不能相遇，所以渴望在渺茫的來生，也許可以再見愛妻一面。

盧氏亡逝後，納蘭性德的深情執著，讓他原本虛弱的身體又更加瘦弱了，只能透過寫詞、抄佛經傾訴自己對愛妻的思念，於是譜出首首哀婉的詞，奠定納蘭詞悽惻悲傷的風格。

約莫六、七年後，好友顧貞觀知道納蘭性德的心始終沒有再敞開，於是由他作媒，讓納蘭性德結識一生鍾愛的最後一位女子——沈宛。沈宛是著名的江南才女，琴棋書畫樣樣精通，納蘭性德本就仰慕沈宛的才華，兩人相遇便一見傾心。

沈宛的到來，彌補了納蘭性德內心的寂寞孤獨。但是沈宛只是個漢族歌女，納蘭性德再愛她，也沒有辦法給她任何名分，只能另外安置一個住所讓沈宛居住。沈宛進不了納蘭家，兩人也不能在陽光下光明正大地約會。

醒來燈未滅，心事和誰說？只有舊羅裳，偷沾淚兩行。

——〈菩薩蠻〉沈宛

對沈宛來說，她只能靜靜等待。在孤燈下等待納蘭性德從朝廷回到她居住的地方，等待有天或許他們能好好地相戀，不再遭到世人的冷笑。但無論是多麼孤獨的等待，多麼漫長的盼望，她內心深處知道永遠等不到那一天，只能默默地流淚。

縱然兩人相知相愛，這場戀情最終仍然沒有結果，沈宛含淚回到江南，此去一別便是千山萬水，兩人各在天涯的一方，再也沒有相遇的機會了，獨留戀戀不捨的納蘭性德在京城。

沈宛離去不久，納蘭性德病倒了。康熙每天派人去納蘭府探望他，還御賜處方藥，但七天後，納蘭性德來不及吃下御賜藥，就去了他一直想去的遠方——那個有愛妻在等待他的地方。

小結

納蘭性德的眉宇間總有著深鎖的哀愁，他是個貴公子，卻不耽溺於物質享受，反而過於重情，對朋友真情相待、患難與共，對愛人付出柔情、甜蜜相守。

深情的他，飽嘗人世情執的苦。每段戀情都給他帶來刻骨銘心的痛。

納蘭性德多情，這個複雜的世間容不下他，但那個渺茫的遠方，有他最愛的妻子盧氏等待著。在那裡，他不需要再承受世人的眼光、不需要再一次失去愛人、不需要挺著病弱的身子，終於可以不再有苦痛，然後好好擁抱最愛的妻子。

康熙二十四年五月三十日，納蘭性德三十一歲，在盧氏過世後的八年，同月同日，他總算和妻子在另一個世界重逢了。

古代詞人的逆襲履歷

溫庭筠的逆襲

・我很醜，但是很會撩妹。

・考不上科舉，但是很會幫人考試。

・古代網美行銷宣傳大師。

李煜的逆襲

・我愛過、痛過、後悔過，卻從未放棄人間真情。

・無奈生於帝王家，卻成為最有才華的「詞中之帝」！

柳永的逆襲

・不管活著還是掛了，都有很多正妹愛我。
・有水喝的地方，都可以聽到我的歌。
・不需要推薦人，依然成為古代百萬銷量的網紅創作者。

蘇軾的逆襲

・困頓中也要努力保持樂觀。
・千年後，連天后都唱過我的歌。
・勇敢做自己，讓作品跨越了時代的限制。

周邦彥的逆襲

・人帥又有才華，根本是古代周杰倫。
・面對愛情，我無所畏懼，哪怕情敵是皇帝。

・人人都愛芭樂歌，但我不願媚俗。

李清照的逆襲

・永遠十七歲的人氣國民才女。
・遇到爛桃花，教你勇敢甩掉渣男。
・國文課本裡存在感最高的古代女性作家。

辛棄疾的逆襲

・大家都以為我是文人，其實我的專長是一個打十個。
・政治能力百分百，你想得到的漏洞我都能補。
・霸氣又溫柔，誰比我更有魅力？

陸游的逆襲

• 過得再慘也要有強大的意志力。
• 我要當兵！我要當兵！我要當兵！
• 死了都要愛國，文學史裡的愛國文人。

陳維崧的逆襲

• 愛你和性別、身分都無關，只因為是你。
• 我想把溫柔都給你。
• 我要用歌詞大聲告訴全世界我愛你。

納蘭性德的逆襲

• 做為貴公子，依舊奮力尋找自我。
• 深愛身邊的人給我源源不絕的靈感。
• 我用短暫的人生活成了——最璀璨的清詞大家。

國家圖書館出版品預行編目資料

逆襲的詞人／白白老師著 -- 初版 - 台北市：平安文化．2021.03 面；公分（平安叢書；第675種）
（致知；05）

ISBN 978-957-9314-99-2（平裝）

782.24　　110001923

平安叢書第675種
致知 05
逆襲的詞人

作　　者—白白老師
繪　　者—胖古人
發 行 人—平　雲
出版發行—平安文化有限公司
台北市敦化北路120巷50號
電話◎02-27168888
郵撥帳號◎18420815號
皇冠出版社（香港）有限公司
香港銅鑼灣道180號百樂商業中心
19字樓1903室
電話◎2529-1778　傳真◎2527-0904
總 編 輯—龔橞甄
責任編輯—平　靜
美術設計—江孟達、李偉涵
著作完成日期—2020年11月
初版一刷日期—2021年03月
法律顧問—王惠光律師

讀者服務傳真專線◎02-27150507
電腦編號◎570005
ISBN◎978-957-9314-99-2
Printed in Taiwan
本書定價◎新台幣300元／港幣100元